GO! 생물 탐험

진짜로 지구에 살았던 **고생물**

GO!
생물 탐험

지은이 명관도 감수 백두성

씨드북

차례

1장. 삼엽충 눈에 비친 3억 년 • 7

2장. 판게아의 괴물들 • 49

3장. 공룡이 노래하는 새가 되기까지 • 79

4장. 코끼리 할머니가 옛날이야기를 해 준다면 • 109

책에 나오는 생물 분류군 • 144

찾아보기 • 146

일러두기

• 학명은 표준어를 우선으로 외래어 표기법(라틴어 발음)을 따랐습니다.

• 생물들의 정보는 시대, 지역, 크기 순서로 표시하였으며 크기가 밝혀지지 않은 정보는 생략하였습니다.

• 형태와 크기가 정확하게 밝혀지지 않은 생물들은 상상력을 덧붙여 그렸습니다.

1장.

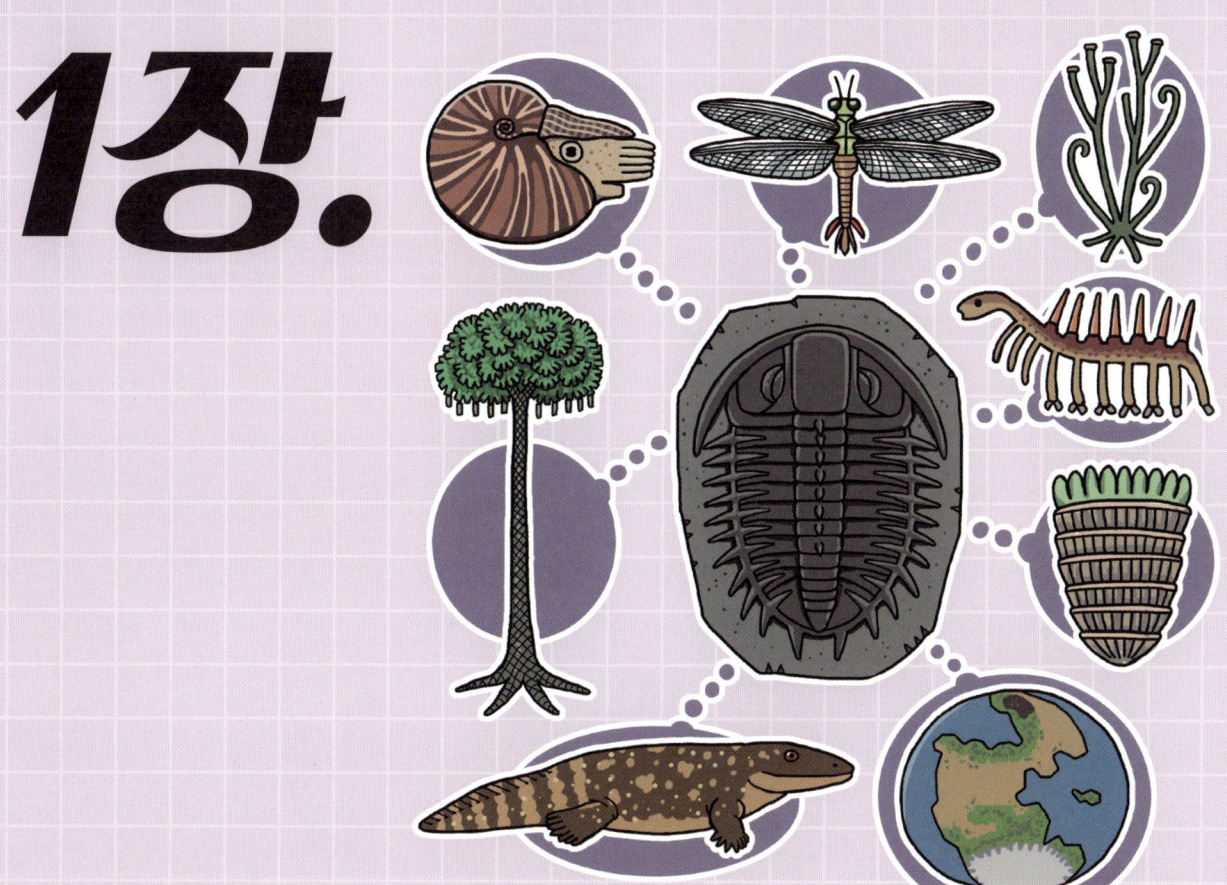

삼엽충 눈에 비친 3억 년

지구에 식물이 없고 동물은 바다에서만 살던 시절이 있었어. 삼엽충은 그런 먼 옛날부터 새로운 생물들이 생겨나고 지구 풍경이 바뀌는 모습을 겹눈으로 지켜봤어. 그리고 혹독한 대멸종도 여러 번 겪었지.

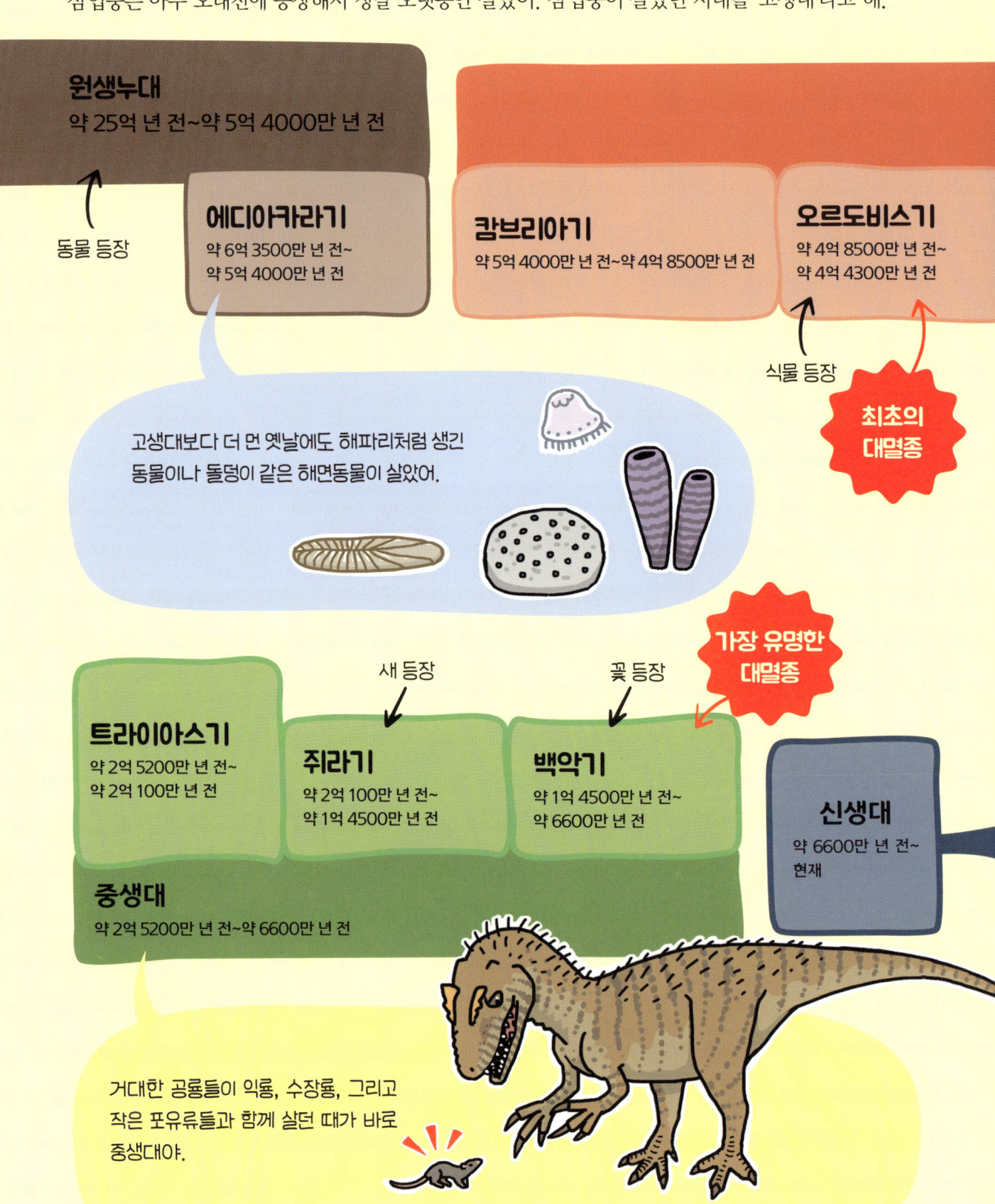

고생대
약 5억 4000만 년 전~약 2억 5200만 년 전

삼엽충은 이렇게 긴 세월을 살아왔어!

실루리아기
약 4억 4300만 년 전~
약 4억 1900만 년 전

땅에 사는 동물 등장

데본기
약 4억 1900만 년 전~
약 3억 5900만 년 전

나무 등장

석탄기
약 3억 5900만 년 전~
약 2억 9900만 년 전

날 수 있는 동물 등장

페름기
약 2억 9900만 년 전~
약 2억 5200만 년 전

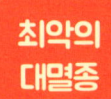
최악의 대멸종

팔레오세
약 6600만 년 전
~약 5600만 년 전

에오세
약 5600만 년 전~약 3390만 년 전

올리고세
약 3390만 년 전~약 2303만 년 전

마이오세
약 2303만 년 전~약 533만 년 전

사바나 등장

플라이오세
약 533만 년 전~
약 258만 년 전

플라이스토세
약 258만 년 전~약 1만 년 전

'빙하시대'로 유명한 때야.

사람 등장

홀로세
약 1만 년 전~

사람이 문명을 일군 바로 지금

1만 년 동안 인류의 역사가 쌓였어. 지구 전체의 역사에 비하면 순식간이나 마찬가지지.

삼엽충은 올레노이데스, 아사푸스, 트리아르트루스, 파콥스 등 다양한 종류가 있어. 먼저 삼엽충 중에서 가장 대표적인 올레노이데스를 소개할게.

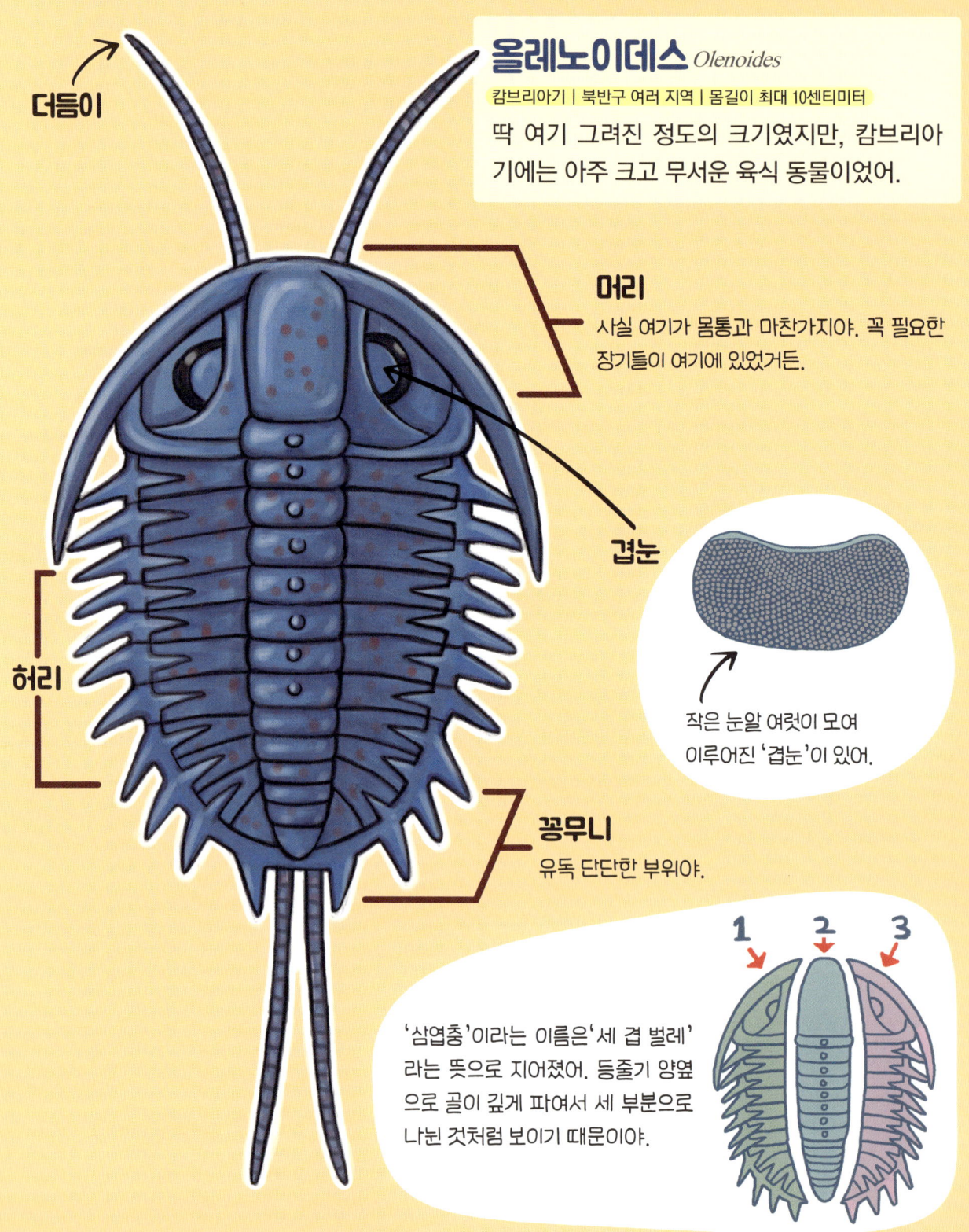

더듬이

올레노이데스 *Olenoides*
캄브리아기 | 북반구 여러 지역 | 몸길이 최대 10센티미터
딱 여기 그려진 정도의 크기였지만, 캄브리아기에는 아주 크고 무서운 육식 동물이었어.

머리
사실 여기가 몸통과 마찬가지야. 꼭 필요한 장기들이 여기에 있었거든.

겹눈

허리

작은 눈알 여럿이 모여 이루어진 '겹눈'이 있어.

꽁무니
유독 단단한 부위야.

'삼엽충'이라는 이름은 '세 겹 벌레'라는 뜻으로 지어졌어. 등줄기 양옆으로 골이 깊게 파여서 세 부분으로 나뉜 것처럼 보이기 때문이야.

삼엽충은 거미, 게, 지네처럼 절지동물이야. 절지동물은 몸이 빳빳한 껍데기로 감싸져 있고 마디가 있는 다리가 있어.

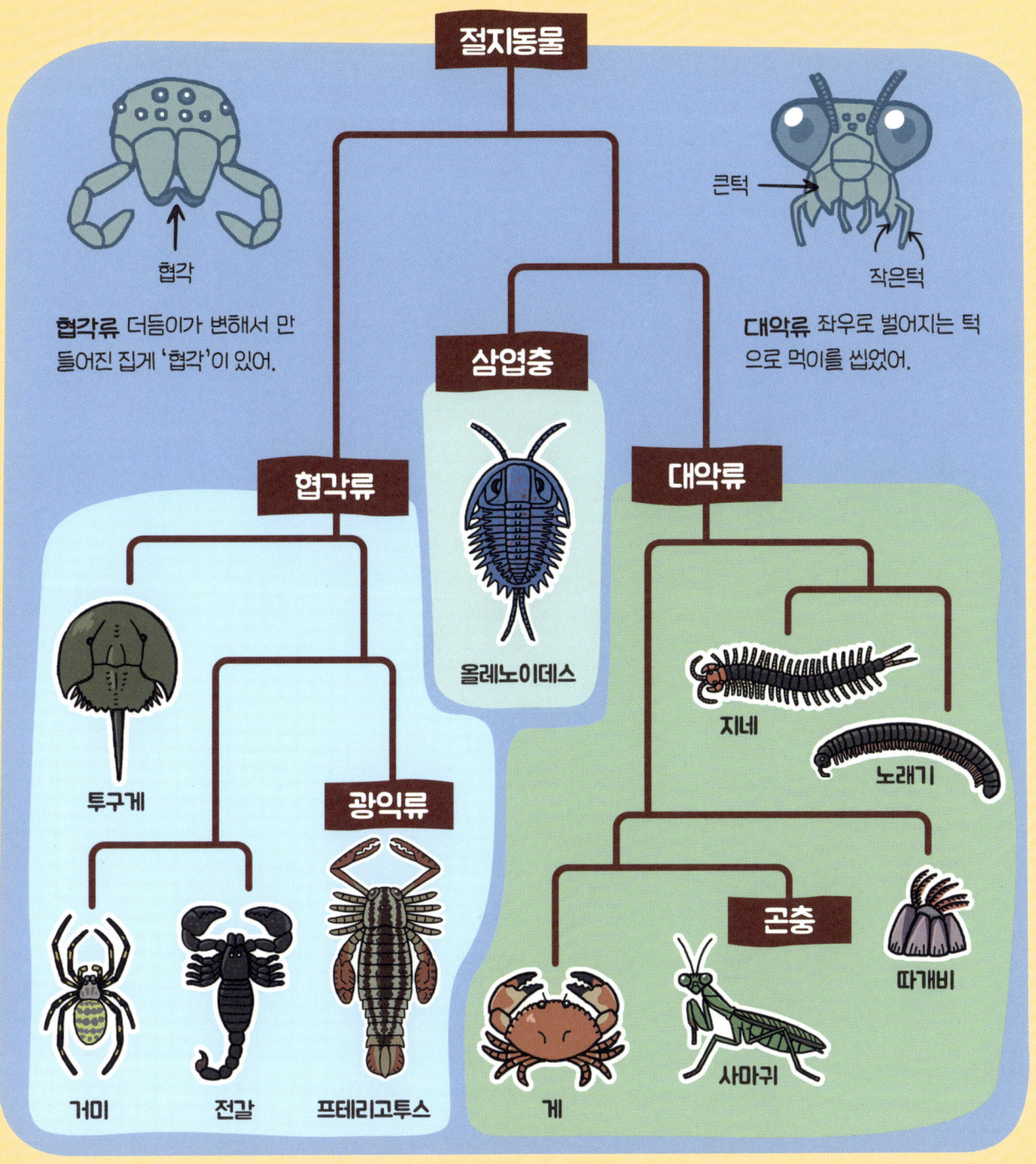

오늘날의 절지동물은 크게 '협각류'와 '대악류'로 구분되지만, 삼엽충은 이 둘 중 어디에도 속하지 않아.

삼엽충은 화석이 아주 많이 발견돼서 생김새뿐만 아니라 생활 모습, 성장 과정도 잘 알 수 있어. 협각이나 턱이 없었던 삼엽충이 어떻게 먹이를 먹었는지도 알 수 있지. 아래 그림을 보자.

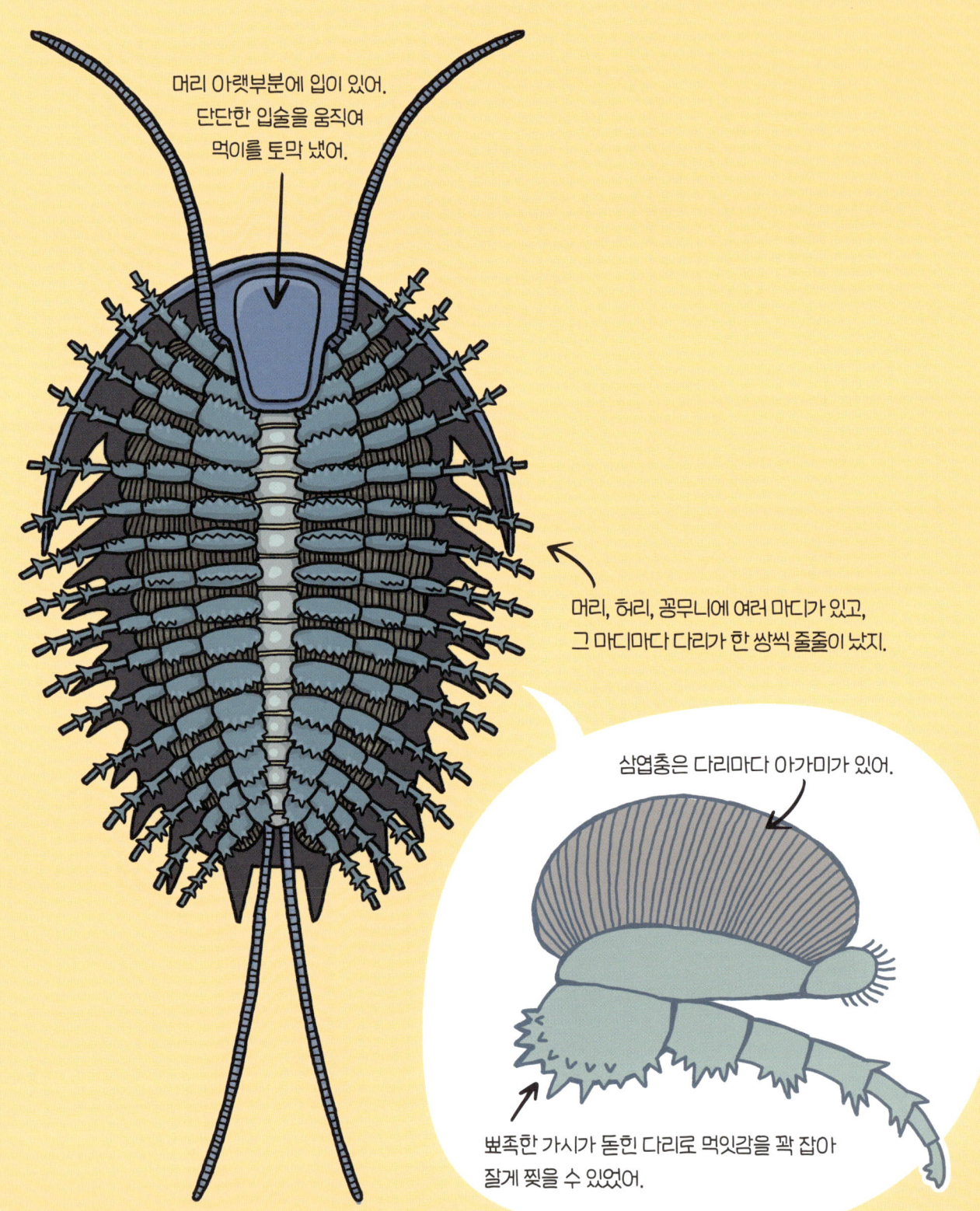

머리 아랫부분에 입이 있어. 단단한 입술을 움직여 먹이를 토막 냈어.

머리, 허리, 꽁무니에 여러 마디가 있고, 그 마디마다 다리가 한 쌍씩 줄줄이 났지.

삼엽충은 다리마다 아가미가 있어.

뾰족한 가시가 돋친 다리로 먹잇감을 꽉 잡아 잘게 찢을 수 있었어.

절지동물은 허물을 벗으면서 성장해. 삼엽충은 이 과정에서 생김새가 크게 바뀌었지.

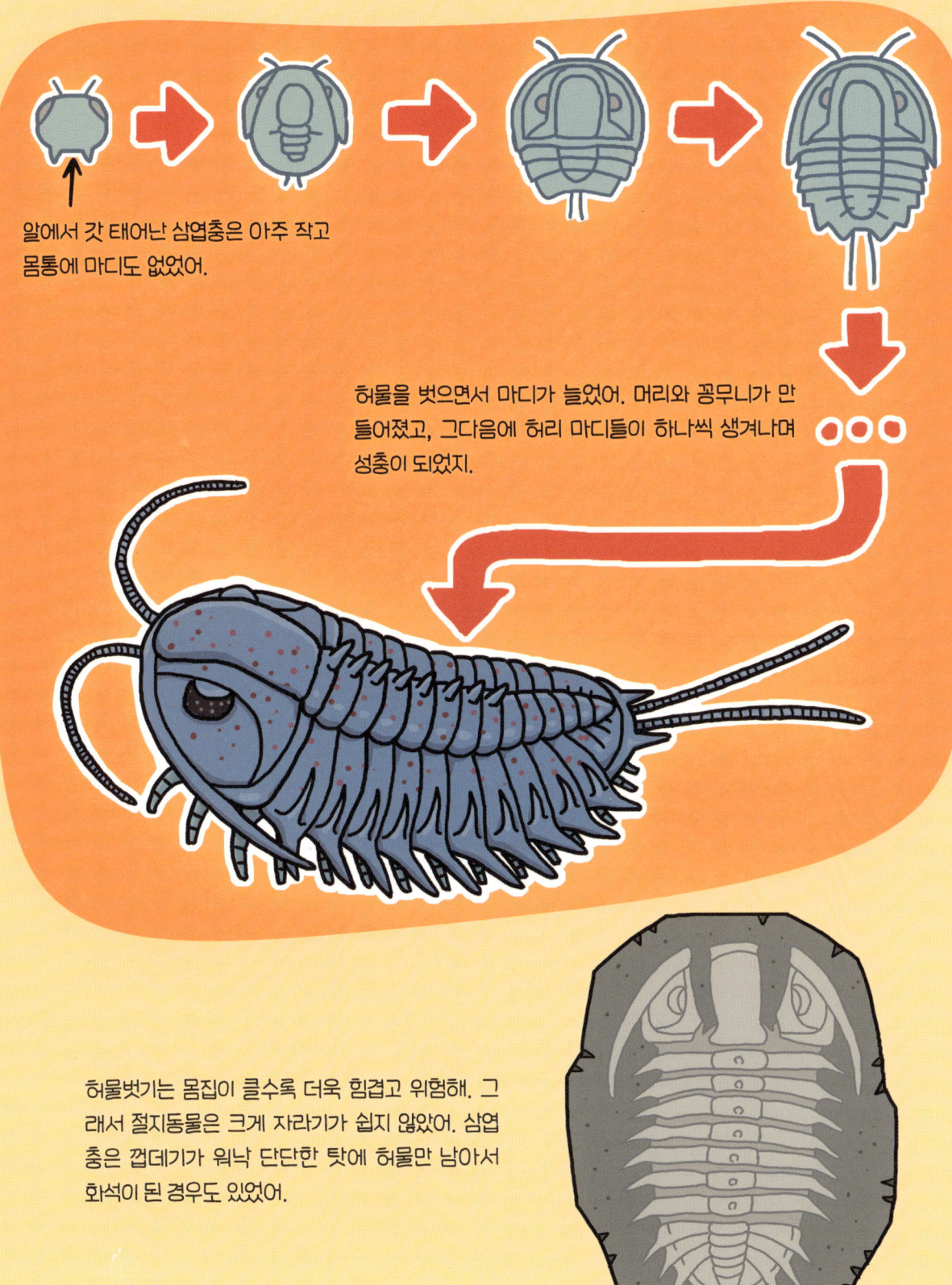

알에서 갓 태어난 삼엽충은 아주 작고 몸통에 마디도 없었어.

허물을 벗으면서 마디가 늘었어. 머리와 꽁무니가 만들어졌고, 그다음에 허리 마디들이 하나씩 생겨나며 성충이 되었지.

허물벗기는 몸집이 클수록 더욱 힘겹고 위험해. 그래서 절지동물은 크게 자라기가 쉽지 않았어. 삼엽충은 껍데기가 워낙 단단한 탓에 허물만 남아서 화석이 된 경우도 있었어.

캄브리아기 다양한 동물들의 탄생

캄브리아기에 다양한 동물들이 등장하며 고생대가 시작됐어. 여러 종류의 생명체들이 태어났고 그 수도 급격하게 늘어났지. 이 현상을 '캄브리아기 대폭발'이라고 해.

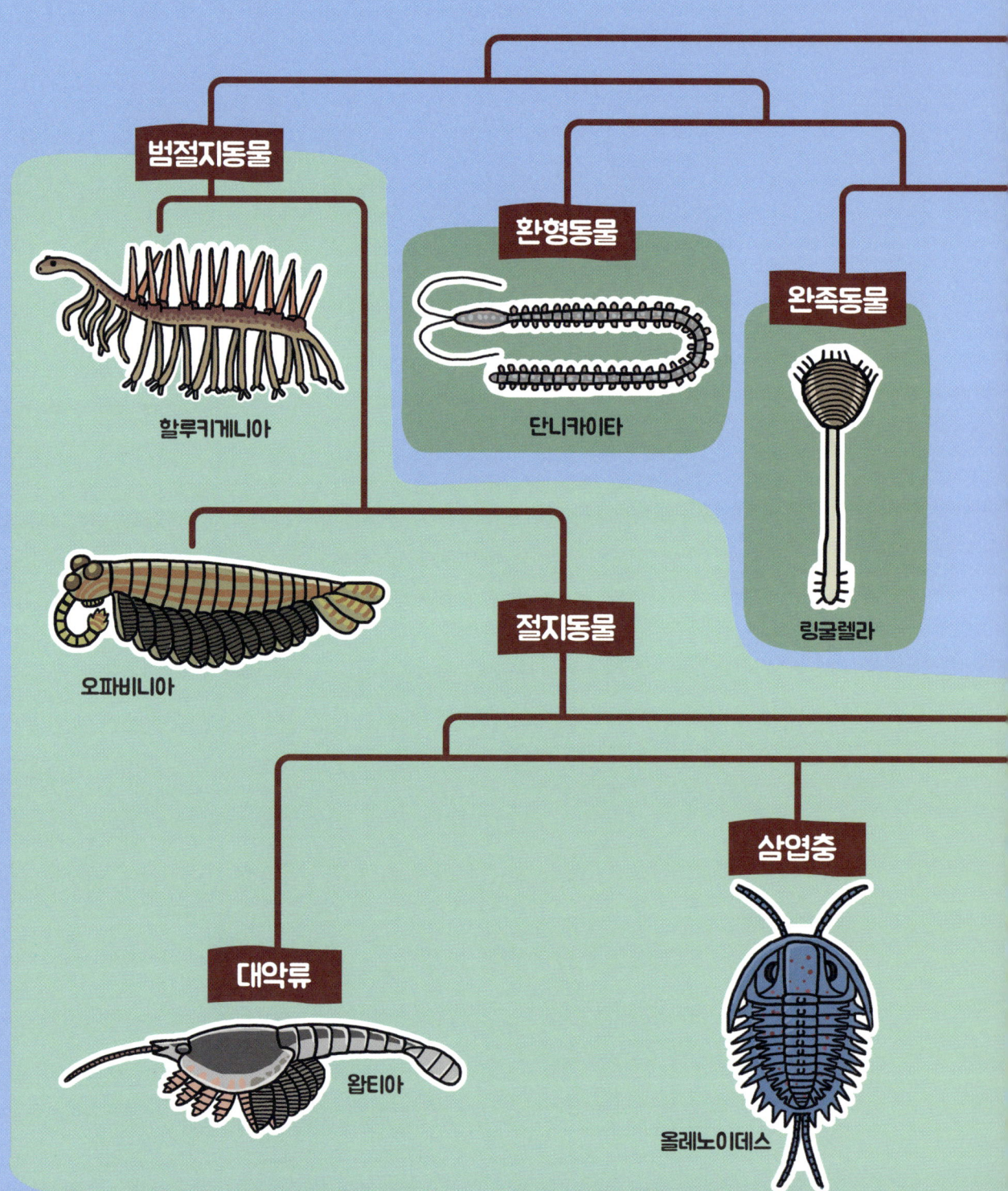

캄브리아기 동물들은 살아남기 위해 저마다 다양한 생존 방식을 갖게 되었어. 그러면서 다양한 모습의 동물 부류들도 생겨났지. 뒤에서 더 자세하게 알아보자.

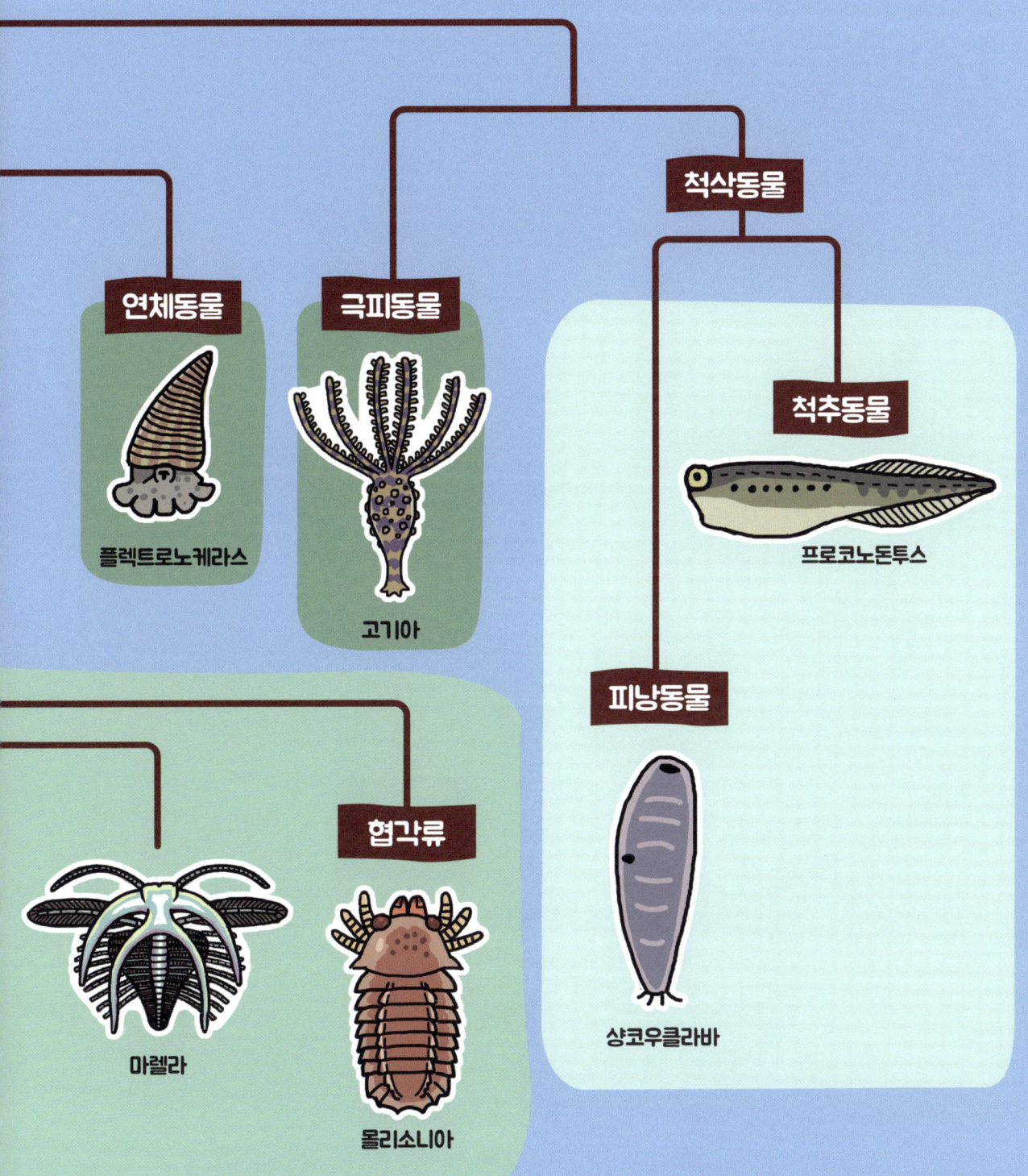

캄브리아기에는 '범절지동물'이 두드러졌어. 범절지동물은 다리가 많이 달렸고 단단한 껍데기로 몸을 보호할 수 있었는데 삼엽충은 그중에서도 특히 막강했어.

할루키게니아 *Hallucigenia*
캄브리아기 | 캐나다 브리티시컬럼비아, 중국 윈난 | 몸길이 최대 5센티미터

발견된 지 40년이 지나서야 이 동물의 앞뒤와 위아래를 제대로 분간할 수 있게 됐어.

마렐라 *Marrella*
캄브리아기 | 캐나다 브리티시컬럼비아, 중국 후난 | 몸길이 약 2센티미터

뿔이 무지갯빛으로 반짝였지만, 눈이 없어서 볼 수 없었어. 칫솔처럼 생긴 앞다리로 헤엄쳤어.

왑티아 *Waptia*
캄브리아기 | 캐나다 브리티시컬럼비아 | 몸길이 약 8센티미터

새우를 닮았지만 날쌔고 매서운 육식 동물이야. 암컷 왑티아는 껍데기 밑에 알들을 품고 다녔어.

*이 페이지에 그려진 옴니덴스의 입과 동물들은 모두 실제 크기야

몰리소니아 *Mollisonia*
캄브리아기 | 북반구 여러 지역 | 몸길이 최대 5센티미터

머리 앞쪽에 작은 협각이 있어.

옴니덴스 *Omnidens*
캄브리아기 | 중국 윈난

옴니덴스는 캄브리아기 때 살았던 아주 큰 동물이야. 이 둥근 그림이 바로 옴니덴스의 입이지.

오파비니아 *Opabinia*
캄브리아기 | 캐나다 브리티시컬럼비아 | 몸길이 약 6센티미터

더듬이 끝에 달린 집게로 먹이를 잡았어. 다섯 개나 달린 큼직한 눈으로 주변을 살폈지.

아그노스투스 *Agnostus*
캄브리아기 | 세계 여러 지역 | 몸길이 최대 1센티미터

깊은 바닷속에서 모여 살았던 조그만 삼엽충이야. 몸을 오므리면 머리와 꽁무니가 맞닿았어.

오므린 옆 모습

캄브리아기의 거대한 범절지동물 중에서는 삼엽충의 천적도 있었어. 대체 얼마나 강했길래 단단하고 날쌘 삼엽충을 사냥할 수 있었을까?

아노말로카리스 *Anomalocaris*

`캄브리아기` | `캐나다 브리티시컬럼비아` | `몸길이 약 60센티미터`

캄브리아기에 살았던 거대 동물이자 최강 포식자였지. 헤엄도 잘 쳐서 튀어나온 겹눈으로 사냥감을 찾아냈어.

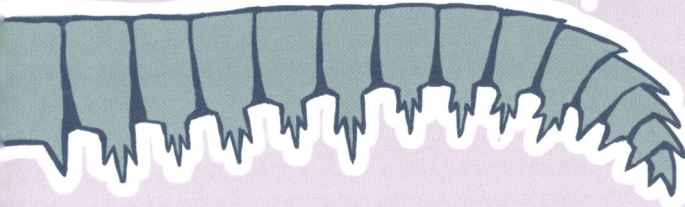

머리 밑에 있는 입은 파인애플의 단면처럼 생겼어.

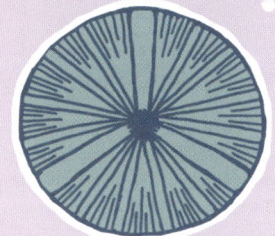

'아노말로카리스'라는 이름의 뜻은 '이상한 새우'야. 위쪽에 실제 크기로 그려진 더듬이가 새우와 비슷하지 않니? 아노말로카리스는 힘이 센 육식 동물이지만, 더듬이와 입이 삼엽충의 껍데기를 부술 만큼 단단하지는 않아.

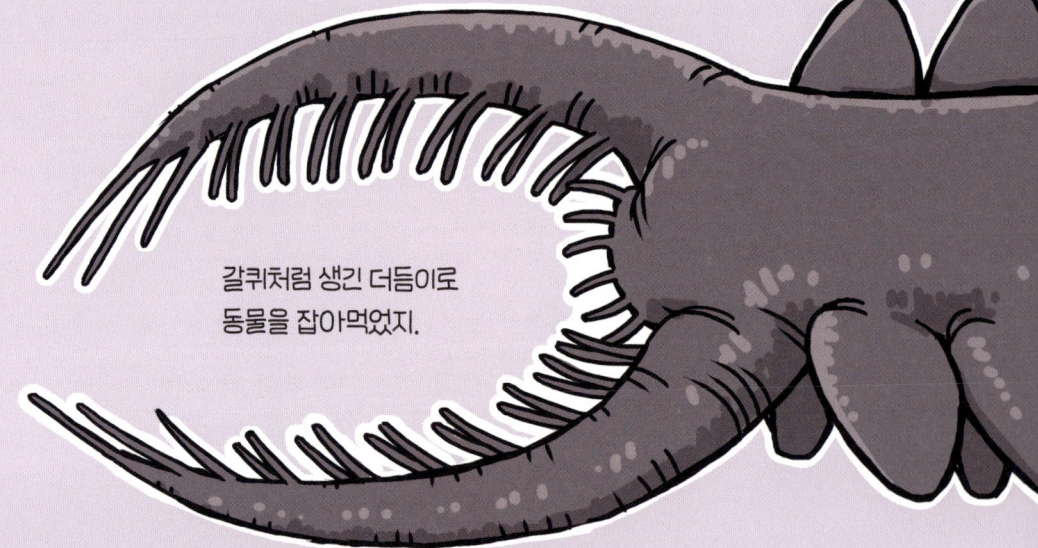

갈퀴처럼 생긴 더듬이로 동물을 잡아먹었지.

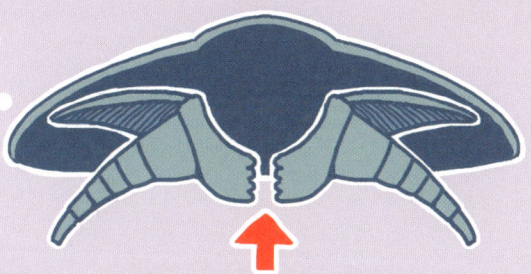

레들리키아 렉스의 양쪽 다리는 맞닿은 곳이 펜치처럼 생겼어.

레들리키아 렉스 *Redlichia rex*

캄브리아기 | 오스트레일리아 사우스오스트레일리아 | 몸길이 약 25센티미터

삼엽충의 진짜 천적이지. 레들리키아 렉스는 몸집도 더 컸어. 단단하고 힘센 다리로 다른 동물들의 껍데기를 깨뜨릴 수도 있었어.

올레노이데스

옴니덴스

이런 모습이었을 거라고 추측하고 있어. 몸통 양옆으로 넓적한 아가미들이 줄지어 있고, 다리는 그 밑에 있었어.

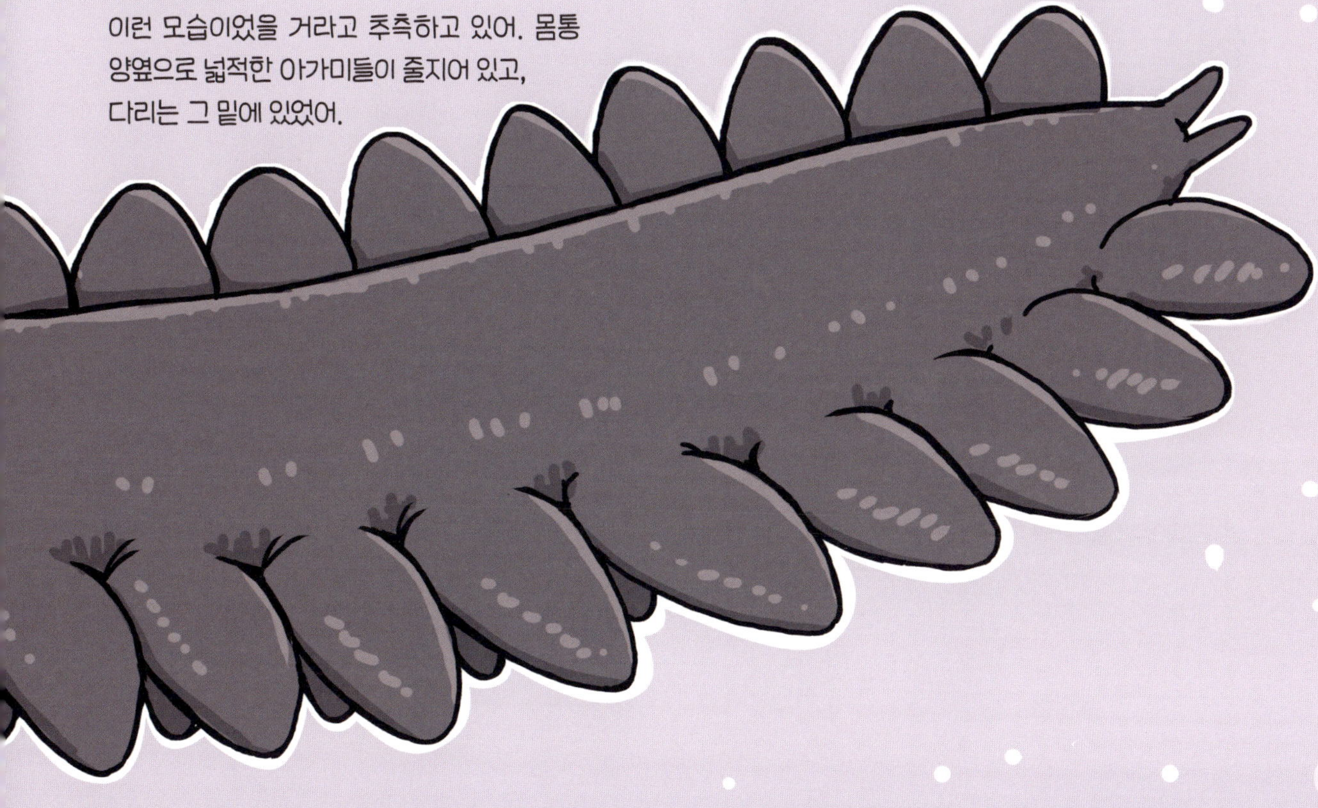

캄브리아기에는 범절지동물 말고도 다양한 종류의 동물들이 바다에서 살았어.

연체동물

조개, 고둥, 달팽이, 그리고 '두족류' 등이 포함되는 부류야. 두족류는 오징어처럼 머리에 다리가 달린 연체동물이지.

플렉트로노케라스 *Plectronoceras*

캄브리아기 | 미국 텍사스 | 조가비 높이 약 2센티미터

두족류의 시초나 다름없는 동물이야. 조가비 안에 공기를 채워서 둥둥 떠오를 수 있었어.

완족동물

조개의 조가비는 왼쪽과 오른쪽에서 몸을 감싸지만, 완족동물의 조가비는 등 쪽과 배 쪽에서 몸을 감싸. 그리고 완족동물은 팔다리가 있어.

링굴렐라 *Lingulella*

캄브리아기 | 세계 여러 지역 | 조가비 너비 약 1센티미터

조가비 안에는 먹이를 그러모으는 촉수가 있어. 조가비 밖으로 길게 뻗어 나온 게 다리야.

환형동물

지렁이나 거머리가 포함된 부류야. 바다에서 사는 환형동물로는 보빗웜과 서관충 등이 있어.

단니카이타 *Dannychaeta*

캄브리아기 | 중국 윈난 | 몸길이 약 8센티미터

갯바닥이나 늪 바닥 흙에 굴을 파고 숨어서 머리만 내놓고 살았어.

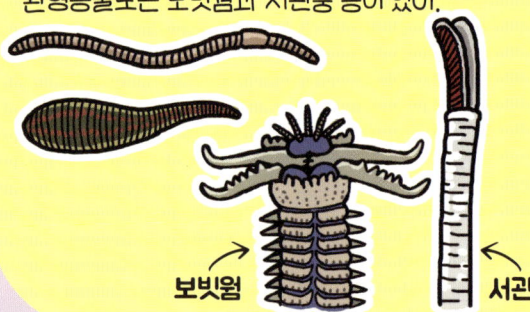

극피동물

불가사리나 해삼, 성게가 포함된 부류야.
살갗 밑에 칼슘으로 된 자잘한 뼈대가 있어.

고기아 *Gogia*

캄브리아기 | 북반구 여러 지역 | 몸높이 약 4센티미터(가지 제외)

가지에 난 털들로 부스러기를 잡아서 먹었어. 식물처럼 생겼지만 어엿한 동물이야.

척삭동물

'척삭'은 척수를 지탱하는 콜라겐 줄기야. 척삭 위로는 신경이 지나가면서 근육에 신호를 보내지. 척삭동물은 피낭동물과 척추동물 등으로 분류돼. 피낭동물은 아주 어릴 때만 척삭이 있어. 멍게나 미더덕이 피낭동물이고, 척추동물은 몸의 등 쪽에 척추뼈가 늘어서 있어. 사람이 척추동물이야.

샹코우클라바 *Shankouclava*

캄브리아기 | 중국 윈난 | 몸높이 약 4센티미터

발견된 피낭동물 중에서 가장 오래전에 살았던 동물이야.

프로코노돈투스 *Proconodontus*

캄브리아기 | 세계 여러 지역

입안에 빼곡히 난 이빨들을 체처럼 사용해서 부스러기나 플랑크톤을 걸러 먹었던 물고기야.

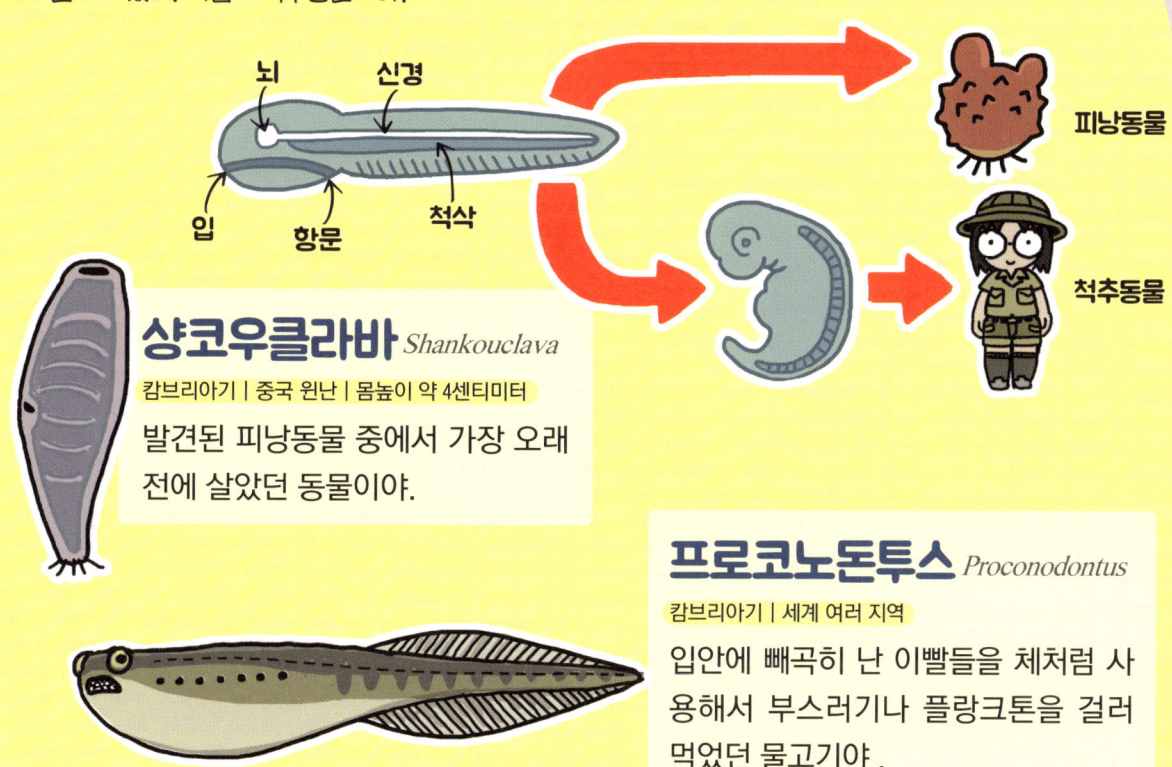

* 플렉트로노케라스와 프로코노돈투스는 몸통이 발견되지 않아서 전체 모습을 상상해서 그렸어.

오르도비스기 화려한 번성

시간이 흘러 오르도비스기가 왔어. 그리고 새로운 생물들이 등장했지.

바다나리
백합(나리)을 닮은 극피동물이야.

물고기
오르도비스기까지 와서야 지금의 물고기와 비슷한 모습이 등장했어. 단단한 껍데기와 비늘 좀 봐. 꼭 갑옷을 입은 것 같지?

산호
산호는 해파리를 뒤집은 것처럼 생겼어. 산호가 달라붙어 자라는 자리에 칼슘 성분이 쌓여 만들어진 단단한 덩어리가 바로 산호초야. 고생대의 산호초는 고깔과 대롱들이 모여 있는 것처럼 생겼어.

성게
뾰족한 이빨로 해조류와 다른 극피동물을 긁아 먹었어.

거미불가사리
다섯 개의 다리를 가진 극피동물이야. 바다 밑바닥을 기어다녔어.

최초의 식물도 오르도비스기에 생겼어. 제대로 된 잎이나 줄기, 뿌리도 없었지만, 식물이 만들어 낸 포자가 물기가 있는 곳에 닿으면 거기서 새로운 식물이 자랐어. 그리고 햇빛을 쬐고 영양분과 산소를 만드는 광합성을 최초로 한 생물인 '시아노박테리아'가 나타났어. 이때부터 시아노박테리아가 만들어 내는 영양분으로 살아가는 '조류'가 등장했지.

식물의 조상은 물속에서 사는 '조류(말무리)'였어. 조류 중에는 세포 하나로만 이루어진 미생물도 있지만, 김, 미역, 다시마처럼 큼직한 해조류도 있어.

오르도비스기 바다는 캄브리아기 때보다 훨씬 풍요로웠어. 커다랗고 다양한 동물들이 생겨나서 바닷속을 누볐지.

엔도케라스 *Endoceras*

오르도비스기 | 세계 여러 지역 | 조가비 길이 최대 5미터

오르도비스기의 가장 거대한 두족류야. 단단한 조가비 부분만 화석으로 남았어.

깔때기로 바닷물을 빨아들이고 그 안에 녹아 있는 산소로 숨을 쉬었어.

튼튼한 다리로 바다 밑바닥을 휘저으며 흔적을 남겼어.

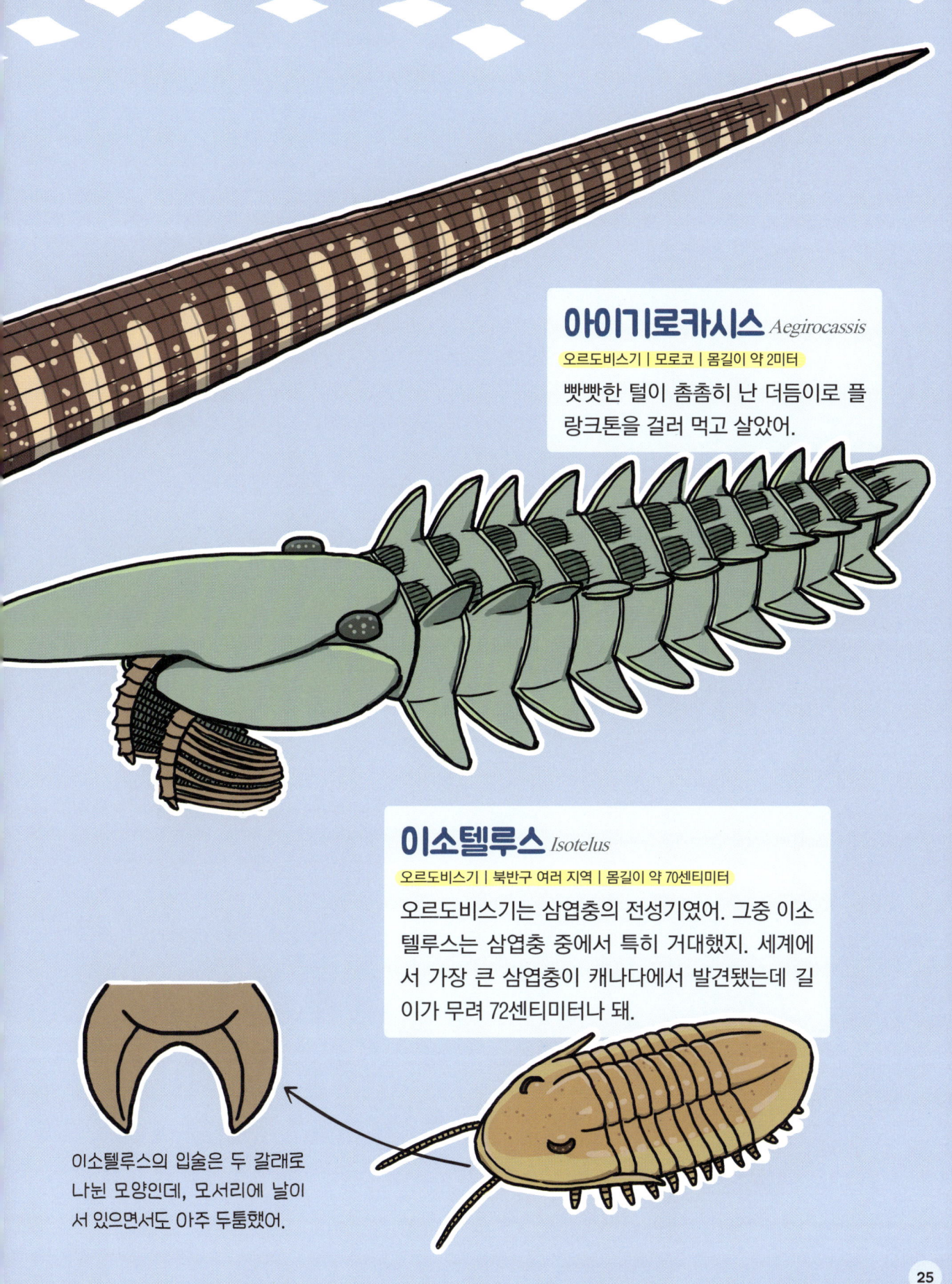

아이기로카시스 *Aegirocassis*
오르도비스기 | 모로코 | 몸길이 약 2미터

빳빳한 털이 촘촘히 난 더듬이로 플랑크톤을 걸러 먹고 살았어.

이소텔루스 *Isotelus*
오르도비스기 | 북반구 여러 지역 | 몸길이 약 70센티미터

오르도비스기는 삼엽충의 전성기였어. 그중 이소텔루스는 삼엽충 중에서 특히 거대했지. 세계에서 가장 큰 삼엽충이 캐나다에서 발견됐는데 길이가 무려 72센티미터나 돼.

이소텔루스의 입술은 두 갈래로 나뉜 모양인데, 모서리에 날이 서 있으면서도 아주 두툼했어.

오르도비스기는 삼엽충의 전성기였어. 이소텔루스처럼 머리와 꽁무니에 갈래가 구분되지 않는 부류가 번성했는데, 이들을 '아사피드'라고 해. 아사피드는 생김새와 크기가 매우 다채로웠어. 방석만 한 덩치로 바닥을 기어다니는 이소텔루스가 있었고, 수면 근처를 헤엄쳤던 손톱 크기의 키클로피게도 있었지.

아사푸스 코왈레우스키 *Asaphus kowalewskii*
오르도비스기 | 발트해 주변 지역 | 몸길이 약 7센티미터

아사푸스는 여러 종이 있는데, 모두 눈이 몸통 위로 우뚝 솟아 있어. 이 눈으로 주변을 잘 살폈을 거야.

코왈레우스키는 아사푸스 중에서도 유독 눈이 높게 솟은 종이야.

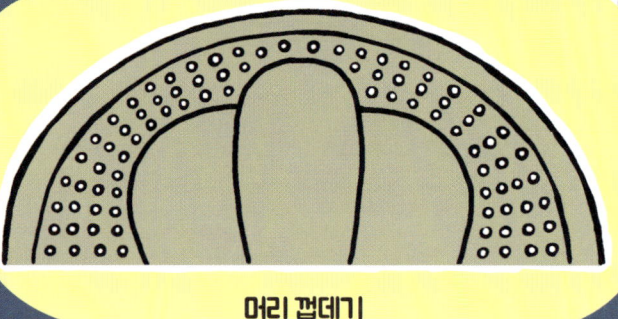

머리 껍데기

크립톨리투스 *Cryptolithus*
오르도비스기 | 세계 여러 지역 | 몸길이 최대 2센티미터

크립톨리투스는 눈이 없고 머리 껍데기에 구멍이 가득 있어.

← 이 페이지에 그려진 삼엽충들은 실제 크기야!

파라바란디아 *Parabarrandia*
`오르도비스기 | 유럽, 모로코 | 몸길이 최대 9센티미터`
무거운 껍데기를 두르고 있어 느릴 것 같지만, 다리를 휘저으며 빠르게 헤엄칠 수 있었어. 오르도비스기 동물 중에서는 꽤 빨랐을 거야.

키클로피게 *Cyclopyge*
`오르도비스기 | 세계 여러 지역 | 몸길이 최대 2센티미터`
육지에서 멀리 떨어진 바다에서 살던 작은 삼엽충이야. 눈이 아주 커서 좌우 겹눈이 이어진 종들도 있어.

↑ 뒤집힌 채로 헤엄쳤을 거야.

오르도비스기의 깊고 컴컴한 바다에는 특이한 삼엽충이 살았어. 생김새는 평범했지만 화석으로 남은 부분이 다른 삼엽충들과 아주 달랐지.

트리아르트루스 *Triarthrus*

`오르도비스기` | `세계 여러 지역` | `몸길이 최대 5센티미터`

산소가 적은 깊고 컴컴한 바다 밑바닥에서 살았어.

다리마다 북슬북슬한 아가미가 달렸어. 다리나 아가미 모습을 이렇게 구체적으로 알 수 있는 삼엽충은 드물어.

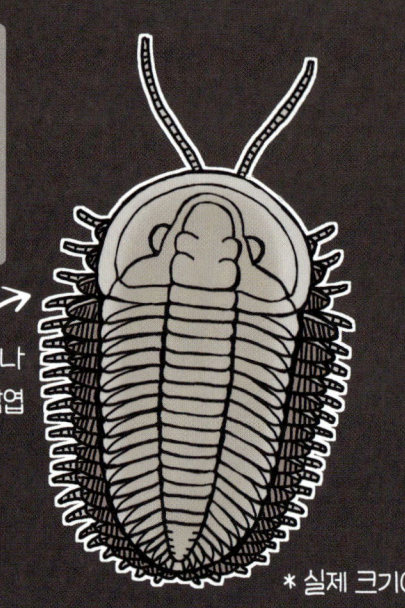

* 실제 크기야.

트리아르트루스 화석은 까만 바위에 노란 색연필로 그려진 것처럼 생겼는데 실체는 유황 성분으로 에너지를 만드는 세균들 때문이야. 이 세균들이 트리아르트루스의 몸을 뒤덮고 유황을 끌어들이면서 바위에 노란 초상화를 남겼지.

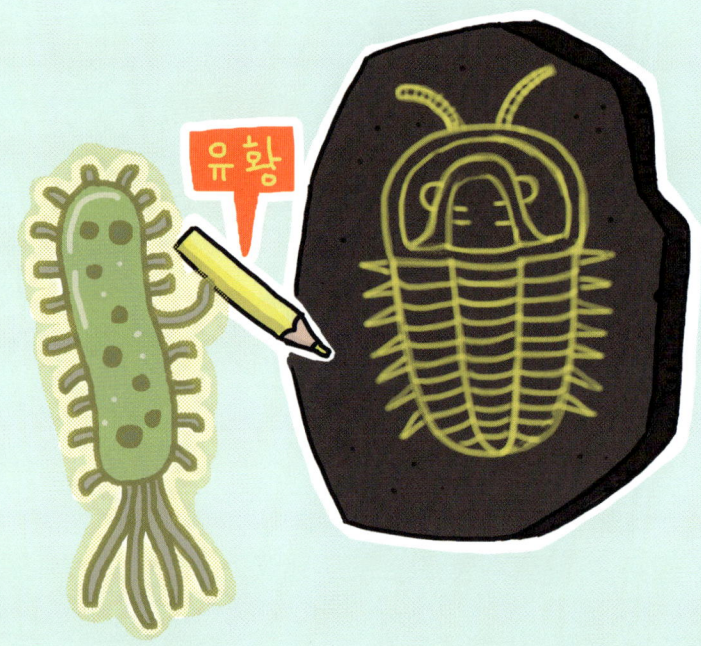

오르도비스기는 생명력이 넘치던 시대였어. 하지만 세계 곳곳이 얼어붙으며 빙하가 생겼고, 바닷물에 녹아있던 산소의 양이 줄어들었지. 이때 대부분의 동물들이 죽었고 일부만 살아남았어. 이 사건을 '오르도비스기 말 대멸종'이라고 해. 어쩌면 최초의 식물들 때문에 대멸종이 시작되었을지도 몰라. 식물은 광합성을 할 때 이산화탄소를 흡수해서 지구를 싸늘하게 만들거든.

이산화탄소

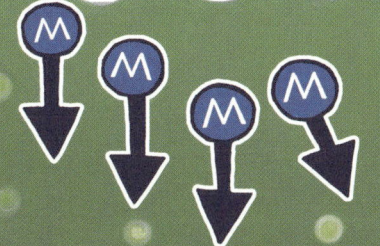

미네랄 성분

식물 주변의 바위에서는 미네랄 성분이 우러나는데, 바다로 흘러 들어가면 조류가 자라는 데 도움을 주는 비료가 돼. 조류가 번성할수록 기온은 더 낮아졌겠지? 결국 추위를 이기지 못한 동물들은 죽어 갔어. 이 시기에 삼엽충도 많이 멸종했어. 완전히 멸종하기까지 2억 년은 더 지나야 했지만 말이야.

실루리아기 새로 태어난 생태계

오르도비스기 말 대멸종 이후 캄브리아기와는 다른 생태계가 만들어졌어. 대멸종 전에는 눈에 띄지 않았던 생물들의 후손이 점점 진화해서 먹이 사슬 위를 군림하게 되었지.

프테리고투스 *Pterygotus*
실루리아기~데본기 | 세계 여러 지역 | 몸길이 최대 1.7미터

큼직한 협각과 커다란 겹눈으로 먹잇감을 사냥한 광익류야. 지느러미처럼 생긴 다리와 꼬리로 빠르게 헤엄칠 수도 있었어.

실루리아기에 가장 크고 무서운 동물은 '광익류'라는 협각류였어. 오르도비스기에는 작은 동물이었지만 실루리아기의 후손 중에는 프테리고투스처럼 커다란 맹수들도 있었어.

위턱
아래턱

물고기의 얼굴을 감싸는 뼈들이 위아래로 움직이는 턱이 되면서, 척추동물은 큰 먹이도 으스러뜨릴 수 있게 되었어.

킬리니우 *Qilinyu*
실루리아기 | 중국 윈난 | 몸길이 약 20센티미터

턱과 지느러미가 있는 물고기야. 물고기 지느러미가 변해서 영장류의 팔다리가 되었어.

파콥스 *Phacops*
오르도비스기~데본기 | 세계 여러 지역 | 몸길이 최대 15센티미터

오르도비스기 말 대멸종에서 살아남은 뒤로 데본기까지 있었던 삼엽충이야. 파콥스는 아랫부분이 약해서 몸을 동그랗게 웅크려 천적으로부터 몸을 지켰어.

파콥스는 몸을 동그랗게 마는 것 말고도 재주가 많은 삼엽충이야. 파콥스의 화석에는 껍데기에 색소 흔적이 남겨진 것도 있는데, 천적의 눈에 띄지 않기 위해 몸 색깔이나 무늬를 바꿀 수 있었던 것 같아. 이 능력은 동족에게 자신의 상태를 알리는 데에도 도움이 됐을 거야.

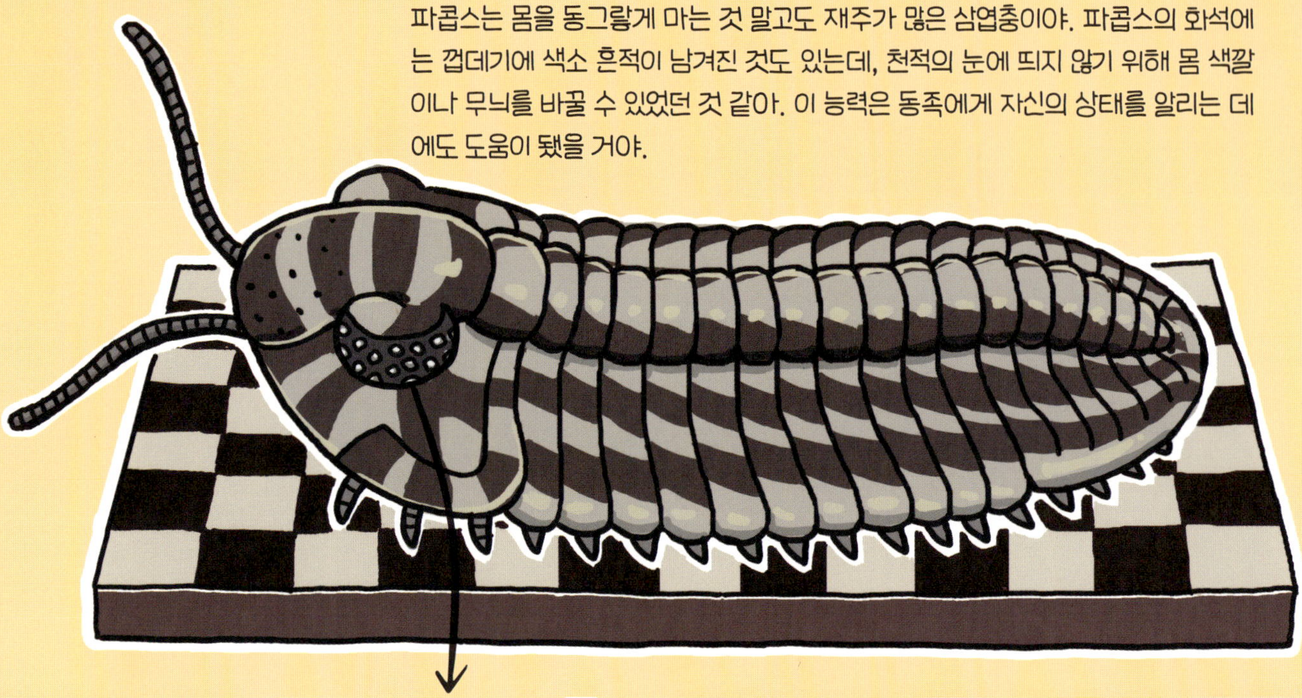

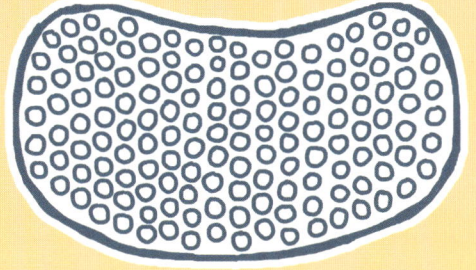

파콥스의 겹눈은 우뚝 솟아난 모양으로 아주 독특해. 특히 겹눈을 이루는 작은 눈알들인 '낱눈'은 볼록렌즈처럼 주변 모습을 또렷하게 담을 수 있었어.

파콥스의 실제 크기는 이 정도야.

실루리아기에 새로 등장한 생물 중에서 육지에서만 사는 동물들도 있었어. 땅은 점점 다리 달린 동물들의 터전이 되었지.

콕소니아 *Cooksonia*
실루리아기 | 세계 여러 지역 | 높이 최대 30센티미터

하늘을 향해 위로 쑥쑥 자란 식물이야. 제대로 된 뿌리가 없어서 축축한 곳에서만 자랐지.

꼭대기에서 포자를 흩뿌렸어.

절지동물은 캄브리아기부터 해변을 기어다니며 활동했어. 다리가 많아서 물 밖에서 몸을 가누기 수월했을 거야.

전갈
집게발과 꽁무니의 독침으로 먹이를 사냥해.

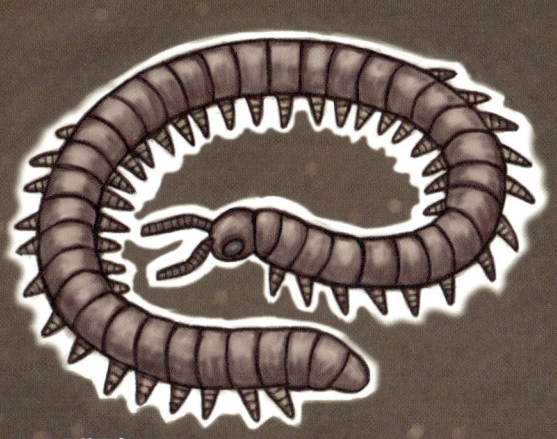

노래기
지네와 비슷하게 생겼지만 초식 동물이야. 몸에서 냄새 나는 물질을 내뿜어서 천적을 쫓아내.

데본기 물고기들에 맞서라!

데본기는 '물고기의 시대'라고 불릴 만큼 다양한 물고기가 번성했어. 바다와 강, 늪에도 터전을 삼았지.

둔클레오스테우스 *Dunkleosteus*

데본기 | 미국, 캐나다 여러 지역 | 몸길이 최대 4미터

데본기 바다의 제왕이었어. 머리 뼈대는 갑옷처럼 단단했고, 입은 뾰족한 판으로 자랐지. 화석이 머리 부분만 발견돼서 정확한 크기는 알 수 없지만 아마 엄청나게 큰 동물이었을 거야.

무시무시한 턱으로 동족을 물어뜯기도 했어.

일부 고생물학자는 불룩한 혹 안에 알이 들어 있다고 생각했어.

테라타스피스 *Terataspis*

데본기 | 캐나다 유콘 | 몸길이 약 60센티미터

데본기에는 삐죽빼죽하게 생긴 삼엽충이 많았어. 물고기들이 쉽게 삼키지 못하도록 진화했기 때문이야.

무시무시한 물고기들 사이에서 살아남기 위해 다른 동물들은 더 빠르게 헤엄칠 수 있도록 진화하거나, 큰 물고기들이 쫓아오지 못하도록 강을 거슬러 갔어. 이런 변화를 '데본기 유영 혁명'이라고 해.

보트리올레피스 *Bothriolepis*
데본기 | 세계 여러 지역 | 몸길이 약 30센티미터

바다와 민물을 가리지 않고 물속을 누비고 다녔어. 바다나 강 바닥의 부스러기나 작은 생물을 먹고 살았지. 배 속에서 오랫동안 새끼를 품은 뒤에 얕은 강으로 거슬러 가서 새끼를 낳았어.

두 눈이 바짝 모여 있어.

가슴지느러미가 꼭 게 다리처럼 생겼어.

만티코세라스 *Manticoceras*
데본기 | 세계 여러 지역 | 조가비 너비 약 30센티미터

조가비로 물살을 가르며 빠르게 헤엄친 두족류야.

프테라스피스 *Pteraspis*
데본기 | 영국 | 몸길이 약 16센티미터

턱이 없는 물고기 중에서 프테라스피스처럼 날렵한 모습으로 변한 종류들이 있었어. 얼굴을 감싸는 껍데기 사이의 틈에 입이 있어. 수면 근처를 헤엄치면서 입안으로 들어오는 플랑크톤을 먹었어.

왈리세롭스

신더하네스 *Schinderhannes*
데본기 | 독일 | 몸길이 약 10센티미터

더듬이가 갈퀴 모양인 범절지동물이야. 몸통은 날렵했고 날개 같은 지느러미가 있어.

데본기에는 물 밖의 생태계도 풍성해졌어. 물속에 무서운 천적이 너무 많아서 필사적으로 물 밖으로 나간 동물들도 있었을 거야. 데본기에는 물과 육지에 걸쳐서 사는 양서류가 최초로 출현했어. 물이 자주 말라붙고 식물이 자라는 강에서 기어다닐 수 있는 다리가 있었어.

아르카이옵테리스 *Archaeopteris*
데본기~석탄기 | 북반구 여러 지역 | 높이 최대 12미터

뿌리, 가지, 잎을 다 갖춘 나무가 등장했어. 나무가 우거지면서 땅에도 산소가 풍부해지고 습기도 가득하게 됐지.

익티오스테가 *Ichthyostega*
데본기 | 그린란드 | 몸길이 약 1.5미터

익티오스테가는 잘 걷지는 못했지만, 거의 최초로 육지에 올라온 척추동물이었어.

익티오스테가는 등뼈와 갈비뼈가 튼튼해서 물 밖을 돌아다닐 때 내장들이 몸무게에 눌리지 않았어.

앞다리 발가락 수는 정확하게 밝혀지지 않았어.

뒷다리에 발가락이 일곱 개씩 있었어.

육지에서 숲이 만들어지는 동안 바다에는 오르도비스기 말 대멸종 때와 같은 재앙이 계속 일어났어. 육지의 식물이 오르도비스기 때보다 훨씬 많아져서 생태계에 끼치는 영향력도 더 커졌지.

숲에서는 나무가 뿌리로 바위를 부수고, 거기에 썩은 낙엽이 섞여 흙이 만들어져. 흙이 강과 바다로 흘러가면 조류를 잘 자라게 하는 비료가 돼. 그렇게 오르도비스기 말기처럼 땅이 얼음으로 뒤덮였고 바다 동물의 수가 계속 줄어들면서 데본기가 끝났어. 이게 '데본기 후기 대멸종'이야.

석탄기 숲속의 진화

데본기 후기 대멸종을 겪고 개성 넘치는 동물들이 많이 등장했어. 하지만 삼엽충은 평범하게 생긴 종류만 살아남았지.

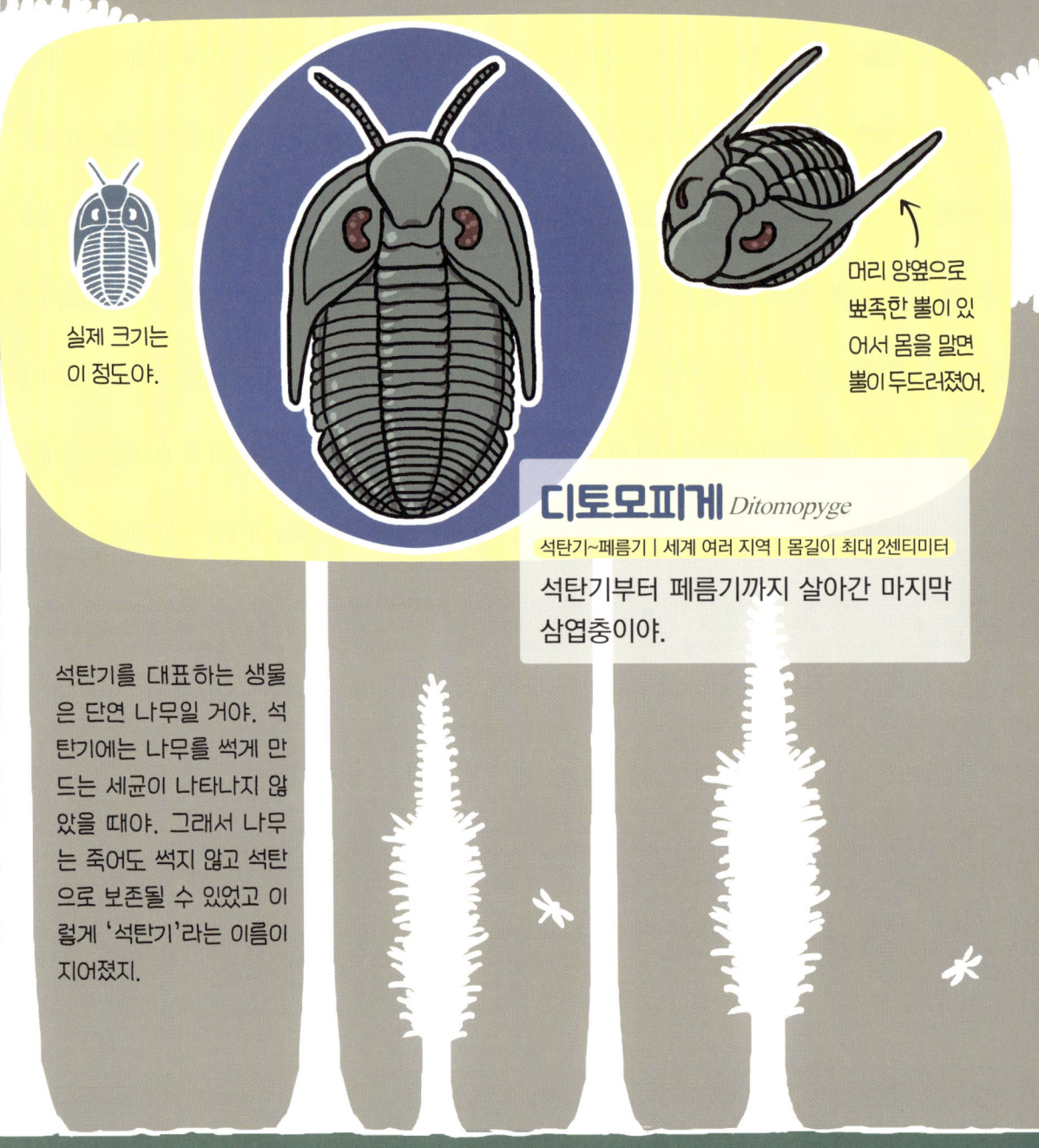

실제 크기는 이 정도야.

머리 양옆으로 뾰족한 뿔이 있어서 몸을 말면 뿔이 두드러졌어.

디토모피게 *Ditomopyge*
석탄기~페름기 | 세계 여러 지역 | 몸길이 최대 2센티미터

석탄기부터 페름기까지 살아간 마지막 삼엽충이야.

석탄기를 대표하는 생물은 단연 나무일 거야. 석탄기에는 나무를 썩게 만드는 세균이 나타나지 않았을 때야. 그래서 나무는 죽어도 썩지 않고 석탄으로 보존될 수 있었고 이렇게 '석탄기'라는 이름이 지어졌지.

오늘날 사람들은 석탄을 이용해 풍요롭게 지내고 있어. 하지만 화석연료 때문에 이산화탄소가 늘어나면 기온이 오르고 사람과 동물도 위험해질 수 있어.

레피도덴드론 *Lepidodendron*

석탄기 | 세계 여러 지역 | 최대 높이 50미터

석탄기의 대표적인 비늘 나무야.

길쭉한 잎이 덥수룩하게 났지.

비늘 나무는 키가 커서 포자를 멀리 퍼뜨릴 수 있었어.

잎이 떨어져 나간 자리가 비늘처럼 보여서 '비늘 나무'라고도 불러.

어린 나무는 이런 모습이었어.

뿌리는 늪에 잠겨 있었어.

석탄기 숲속에는 거대한 절지동물들이 살았어. 곤충은 그리 크지 않았지만, 날아다니며 숲의 하늘을 지배했지.

히베르톱테루스 *Hibbertopterus*

석탄기 | 영국 | 몸길이 최대 2미터

민물에서 산 광익류야. 물 밖을 기어다니며 발자국을 남겼어. 뻣뻣한 털이 난 다리를 갈퀴처럼 사용해서 플랑크톤 같은 작은 먹이를 그러모았지.

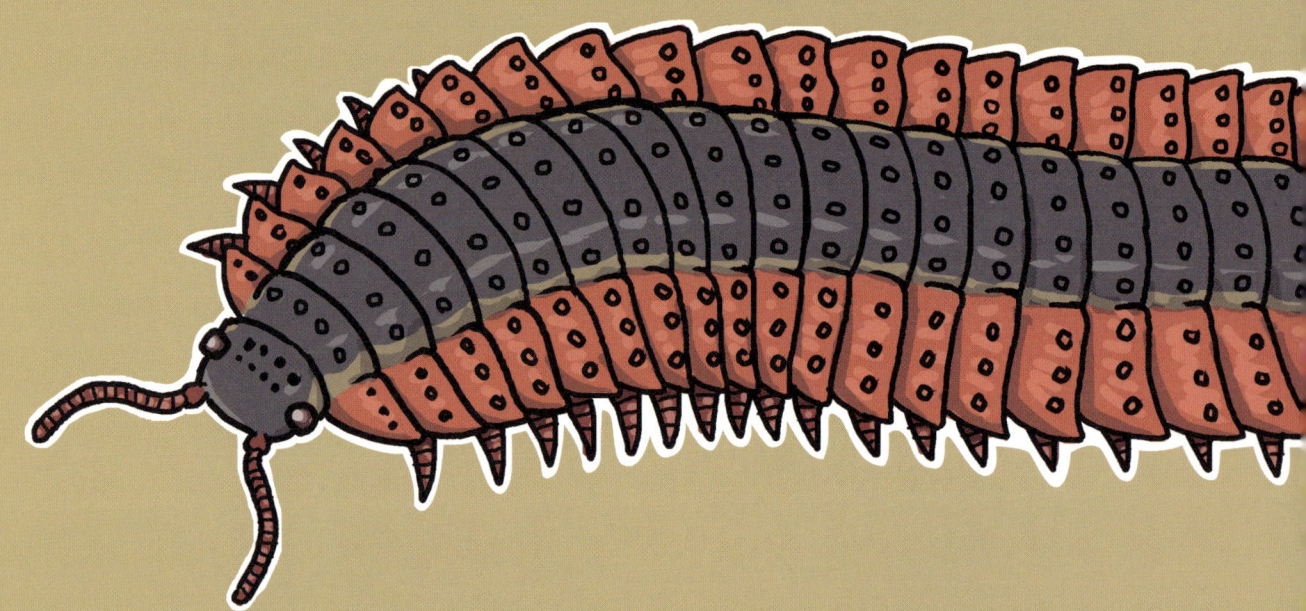

메가네우라 *Meganeura*

석탄기 | 프랑스 | 날개 너비 약 70센티미터

석탄기 곤충 중에서 제일 유명해. '거대한 잠자리'로 알려져 있지만, 진짜 잠자리는 아니야. 아래 잠자리 날개 구조를 보면 차이점을 알 수 있어.

여기가 움푹하게 들어갔어.

이 부분에 색소가 들어 있어.

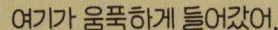

잠자리는 중생대에 등장했어. 날개 모양이 석탄기 조상들과 달라.

석탄기 이후로 바퀴의 조상들은 생김새와 크기가 지금과 비슷했어.

아르트로플레우라 *Arthropleura*

석탄기 | 유럽 여러 지역 | 몸길이 최대 2.5미터

거대한 노래기야. 다리가 아주 많아서 발자국도 많이 발견됐어.

석탄기의 비늘 나무 숲에는 절지동물뿐만 아니라 척추동물도 살았어. 석탄기의 작은 동물들 중 일부는 기념할 만한 진화를 이루었어.

힐로노무스 *Hylonomus*
석탄기 | 캐나다 노바스코티아 | 몸길이 약 30센티미터

레피도덴드론 그루터기 안에 빠진 상태로 화석이 됐어. 양막류에 속하고 껍질이 있는 알을 낳아.

문어나 오징어의 조상이 조가비를 가졌다는 흔적은 확인할 수 없지만, 오늘날 오징어 몸 속에는 뻣뻣한 칼슘 덩어리가 남아서 몸의 형태를 잡아 주는 뼈대 역할을 해.

고르도니코누스 *Gordoniconus*
석탄기 | 미국 몬태나 | 조가비 길이 약 14센티미터

데본기에 살아남은 두족류 중에는 고르도니코누스처럼 조가비가 살가죽에 덮여서 뼈대가 된 종류가 있어.

망시류

석탄기 | 미국 오하이오 | 몸길이 약 9센티미터

석탄기부터 숲에서 나무 부스러기를 먹으며 살아온 곤충이야. 오늘날의 망시류로는 바퀴, 흰개미, 그리고 육식 동물인 사마귀가 있어.

고생대 망시류들은 꽁무니에 튀어 나온 대롱으로 알을 낳았어.

디토모피게

페름기 고생대의 끝

석탄기에 땅들이 합쳐지면서 하나의 거대한 대륙인 '판게아'가 만들어졌어. 당시 시베리아에서 아주 큰 화산 폭발이 일어났는데, 이때 뿜어져 나온 용암이 굳어서 높고 넓은 고원지대가 생겼지. 한편 판게아의 남쪽에는 거대한 빙하가 생겼고, 그렇게 페름기가 시작됐어. 용암이 굳은 뒤에도 시베리아에서는 독가스와 이산화탄소가 계속 뿜어져 나왔어. 이산화탄소 때문에 온난화가 심각하게 일어났고, 삼엽충을 비롯한 많은 생명체들이 사라지면서 고생대는 끝이 났어. 이 사건을 '페름기 말 대멸종'이라고 해.

글로솝테리스 *Glossopteris*

페름기 | 남반구 여러 지역, 인도 | 최대 높이 약 30미터

빙하 주변에서 번성했던 나무야. 꽃가루가 바람을 타고 퍼져서 번식했어. 페름기 말 대멸종 때 사라졌어.

잎은 둥글면서도 길쭉하게 생겼어. 길이가 30센티미터에 이르기도 했지.

고생물학을 믿을 수 있어?

먼 옛날에 사라진 생물들은 어떻게 연구하는 걸까? 삼엽충은 살아있을 적 모습이 고스란히 보존된 화석이 많이 남아 있기라도 하지만, 큰 공룡들은 뼈대조차 제대로 남아 있지 않은 경우가 많아. 이런 사정을 모르는 사람들은 고생물학이 추측과 상상으로 이루어진 게 아니냐며 고생물학자들을 탐탁치 않게 여기곤 해.

하지만 고생물학자들이 하는 일을 얕잡아 봐서는 안 돼. 고생물학자를 비롯한 많은 학자들은 믿을 만한 증거들을 추려내고 단서로 삼아서 사실을 밝혀내. 간혹 착각이나 실수를 하기도 하지만, 서로의 연구 결과나 의견을 나누면서 잘못을 바로잡지. 또 고생물학자들이 하는 일은 단순히 뼛조각을 찾아내 맞추는 것보다 훨씬 더 많아. 화석에 남아 있는 뼈 성분을 분석해서 동물의 식성을 알아내기도 하고, 빙하나 늪 밑바닥에 묻힌 꽃가루를 찾아내서 옛날에 어떤 식물이 살았는지 알아내기도 해. 오늘날 동물들의 몸 구조나 태아가 자라는 모습을 살펴보며 동물 종류들이 생겨난 과정을 되짚어 보기도 하지.

고생물학자들의 노력 덕분에 이제는 생물들이 살았던 환경과 생물들의 종류가 어떻게 바뀌었는지 얼추 알게 됐어. 지구가 빙글빙글 돌고 있다거나 세종대왕이 한글을 발명했다는 것만큼 확실한 사실들을 많이 밝혀냈지.

2장.
판게아의 괴물들

판게아는 최악의 대멸종을 일으킨 뒤 다시 쪼개졌어. 판게아가 갈라지면서 메말랐던 대지에는 숲이 우거졌고, 새로운 생태계가 만들어졌지. 페름기 말 대멸종에서 살아남은 양막류들은 트라이아스기에 기상천외한 모습으로 진화했어.

양막류의 진화

이번 장에서는 페름기에서 트라이아스기까지 양막류들이 어떻게 진화했는지 살펴볼 거야. 태아가 물주머니 '양막'을 스스로 만들어내는 사지류가 바로 양막류야.

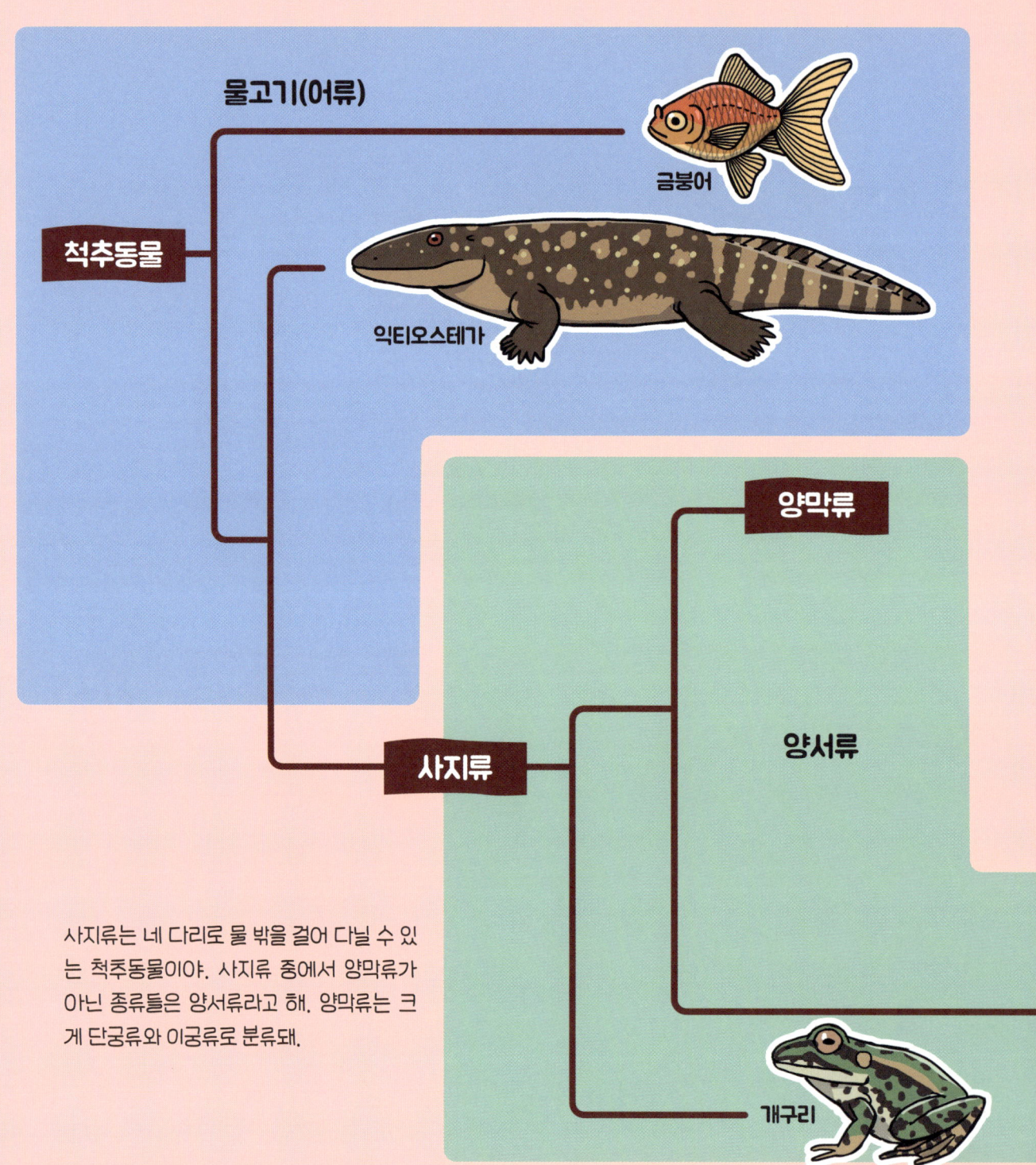

사지류는 네 다리로 물 밖을 걸어 다닐 수 있는 척추동물이야. 사지류 중에서 양막류가 아닌 종류들은 양서류라고 해. 양막류는 크게 단궁류와 이궁류로 분류돼.

양막류의 알
태아가 양막, 융모막, 요낭을 만들어.

양막
태아를 감싸는 물주머니야.

양서류의 알
작고 흐물흐물해.

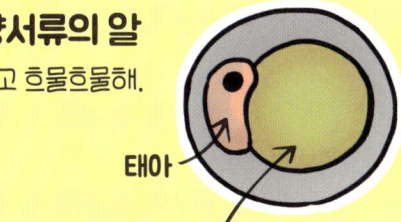

태아

노른자
태아가 자라기 데 쓰이는 영양분이 담겼어.

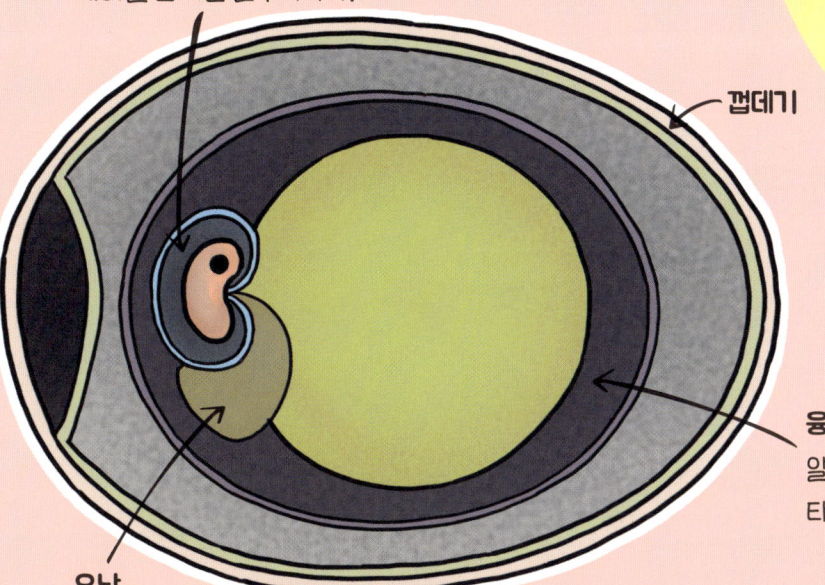

껍데기

융모막
알에 스며든 산소를 태아에게 전달해.

요낭
태아한테서 나온 노폐물을 담아. 태아는 자라면서 요낭과 합쳐져.

사람은 알을 낳지 않지만 엄마 배 안에 있던 태아 시절에는 양막에 감싸여 있어. 탯줄은 요낭이 변한 거고, 탯줄에 연결된 태반은 융모막이 변한 거야.

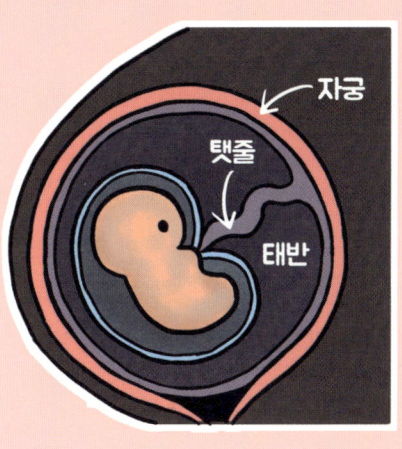

자궁
탯줄
태반

디아덱테스 *Diadectes*
페름기 | 미국 남서부 | 몸길이 최대 3미터

이제까지 발견된 사지류 중에서 가장 오래된 초식 동물이야.

51

머리에 난 특별한 구멍

개구리나 도롱뇽 같은 양서류는 물속과 땅 위를 다닐 수 있지만, 양막류는 물을 벗어나 땅에 완벽하게 적응한 동물이야. 사람과 같은 포유류의 조상이기도 해. 양막류는 단궁류와 이궁류로 나뉘는데, 관자놀이 쪽에 난 구멍인 '측두창'을 통해 구분할 수 있어. 단궁류는 오늘날의 포유류, 이궁류는 거북이, 뱀, 새와 같은 파충류와 조류로 묶여.

단궁류의 머리뼈 모습
단궁류는 눈 뒤쪽으로 측두창이 하나 있어.

이궁류의 머리뼈 모습
이궁류는 눈 뒤쪽 위아래로 측두창이 두 개 있지.

디메트로돈 *Dimetrodon*
페름기 | 미국 남서부, 독일 | 몸길이 최대 3미터

등줄기가 부채나 돛처럼 높게 솟아 있는 모습으로 유명한 단궁류야. 물고기와 양서류를 잡아먹었어.

종에 따라 등이 솟은 모양이 제각기 달랐어. 고막이 없어서 턱을 땅에 대고 울림을 느껴야 했지.

디메트로돈의 두개골

단궁류는 무는 힘이 강하게 진화한 양막류야. 턱을 움직이는 근육이 관자놀이의 구멍 밖으로 나와서 정수리 부근까지 감싸. 디메트로돈이라는 이름은 '두 가지 이빨'이라는 뜻이야. 유독 크고 뾰족한 모습이 두드러지는 송곳니들이 있지.

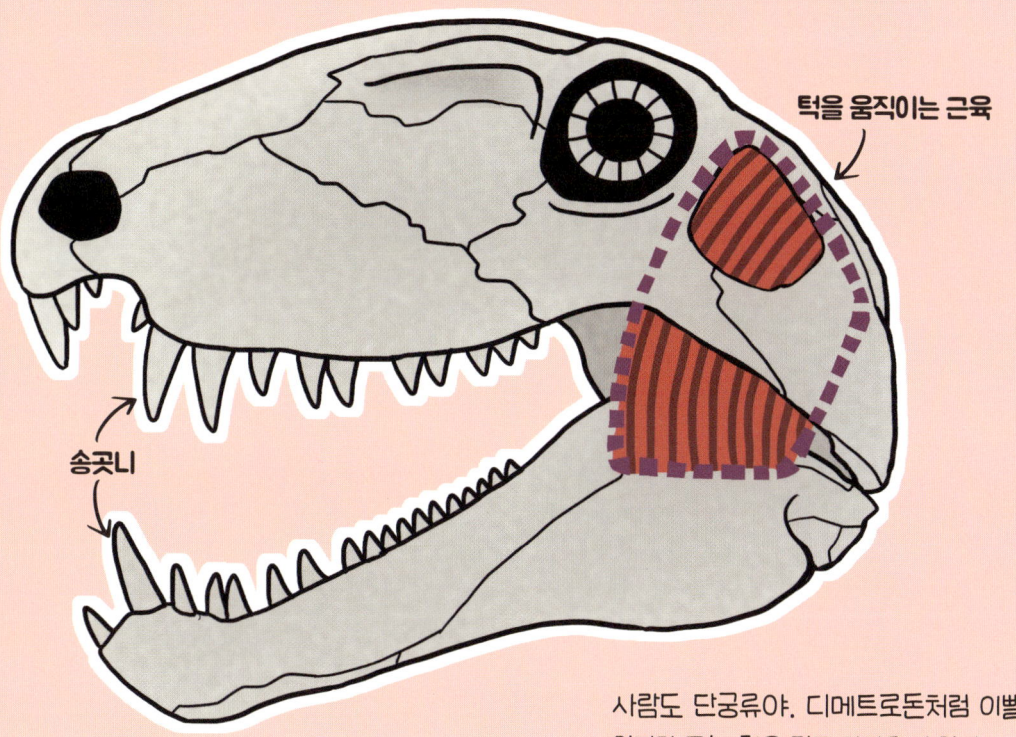

턱을 움직이는 근육

송곳니

사람도 단궁류야. 디메트로돈처럼 이빨이 날카롭지는 않지만 무는 힘은 결코 만만하지 않지.

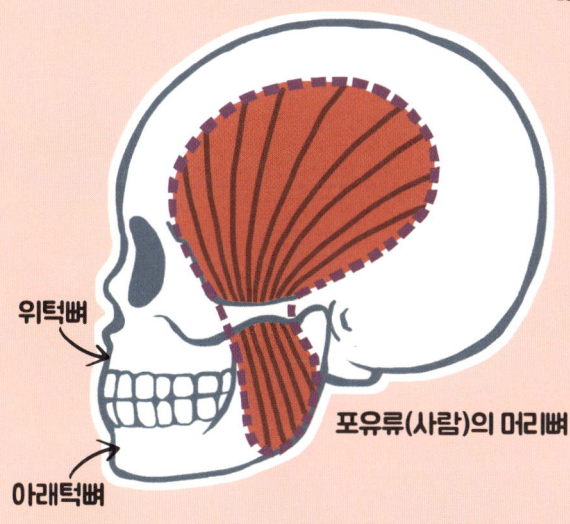

위턱뼈

아래턱뼈

포유류(사람)의 머리뼈

포유류는 턱을 움직이는 근육이 머리뼈의 바깥쪽을 넓게 감싸. 관자놀이에 손을 대고 턱을 움직이면 턱을 움직이는 근육이 꿈틀대는 게 느껴질 거야.

페름기를 지배한 단궁류

석탄기가 끝나고 육지에서는 양막류가 크고 다양하게 진화했어. 그중에서도 가장 무서운 육식 동물의 역할은 단궁류가 도맡았지.

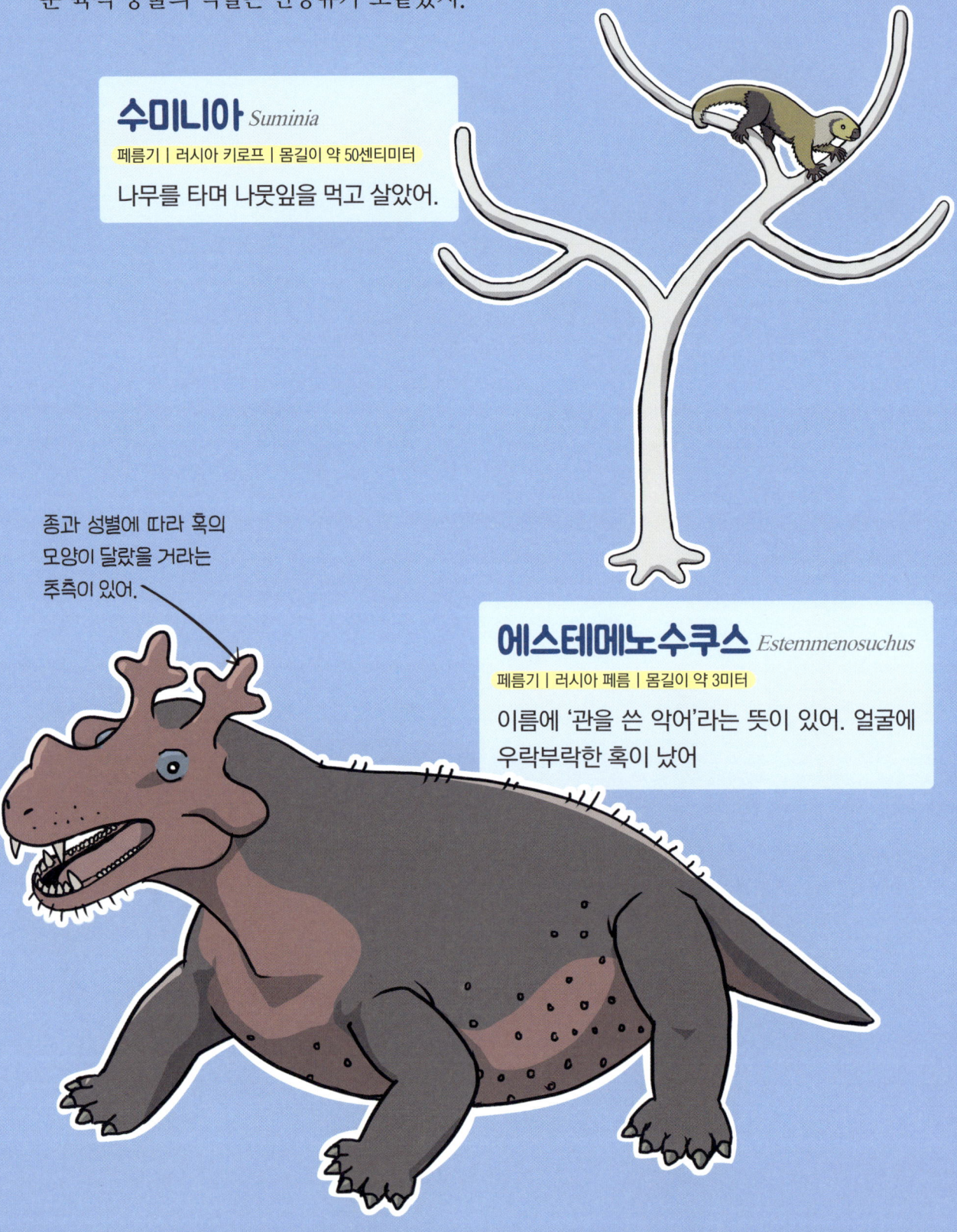

수미니아 *Suminia*
페름기 | 러시아 키로프 | 몸길이 약 50센티미터
나무를 타며 나뭇잎을 먹고 살았어.

종과 성별에 따라 혹의 모양이 달랐을 거라는 추측이 있어.

에스테메노수쿠스 *Estemmenosuchus*
페름기 | 러시아 페름 | 몸길이 약 3미터
이름에 '관을 쓴 악어'라는 뜻이 있어. 얼굴에 우락부락한 혹이 났어

리스트로사우루스 *Lystrosaurus*
페름기~트라이아스기 | 아프리카, 유라시아, 남극 | 몸길이 최대 2미터

페름기 말 대멸종에서 살아남아 판게아 곳곳으로 퍼져 나간 초식 동물이야. 굴을 파는 습성이 있어.

트리낙소돈 *Thrinaxodon*
트라이아스기 | 남아프리카, 남극 | 몸길이 약 50센티미터

굴을 파고 살았던 '견치류'야. 포유류의 조상뻘이지.

트리낙소돈의 뼈대는 오늘날 포유류 뼈대와 비슷한 점이 많아. 포유류는 2억 5000만 년 전 견치류 조상한테서 아래와 같은 특징들을 물려받았어.

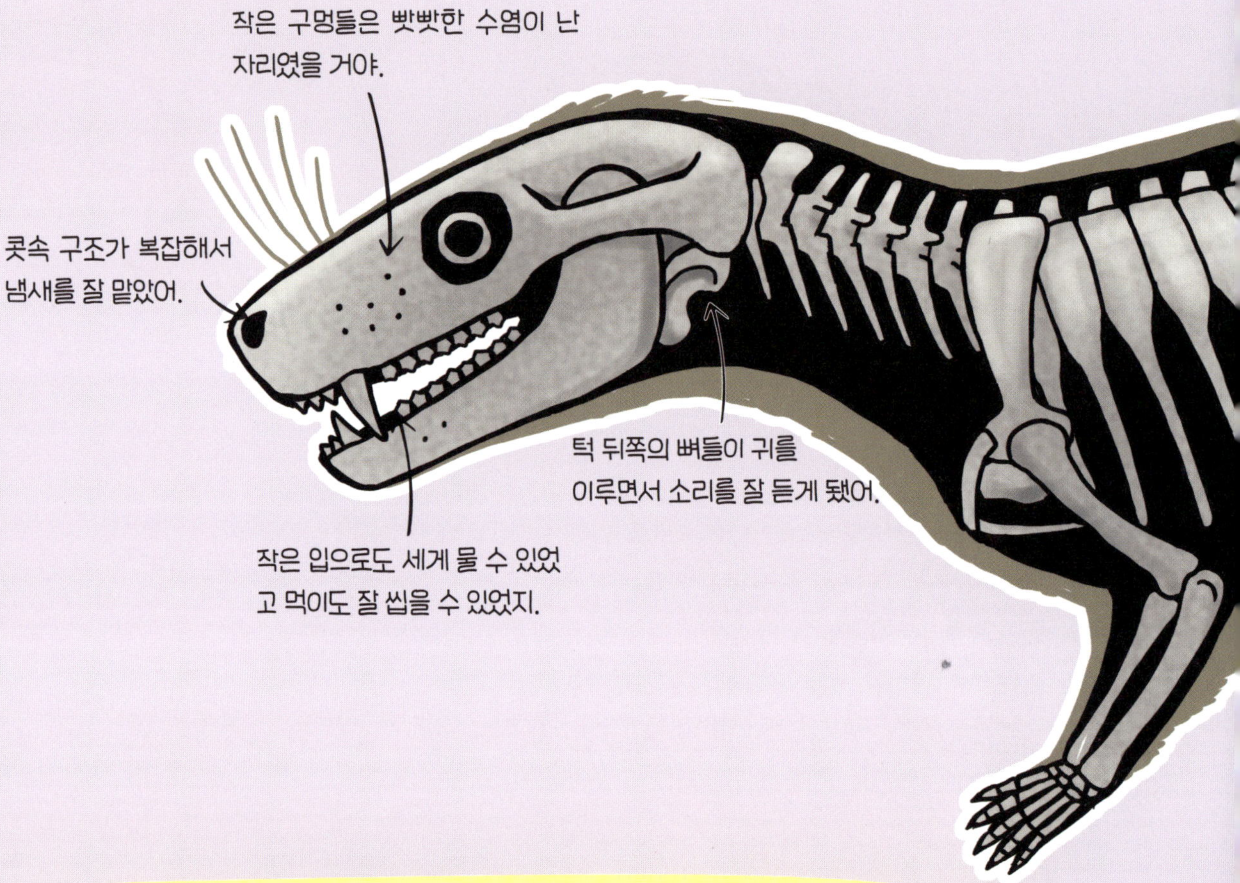

작은 구멍들은 빳빳한 수염이 난 자리였을 거야.

콧속 구조가 복잡해서 냄새를 잘 맡았어.

턱 뒤쪽의 뼈들이 귀를 이루면서 소리를 잘 듣게 됐어.

작은 입으로도 세게 물 수 있었고 먹이도 잘 씹을 수 있었지.

콧구멍

입천장

혀

후두개

견치류의 위턱에는 뼈로 된 입천장이 있어서 입과 코가 확실히 분리됐어. 코로 들어오는 공기와 입으로 들어오는 음식이 서로 섞이지 않게 됐지.

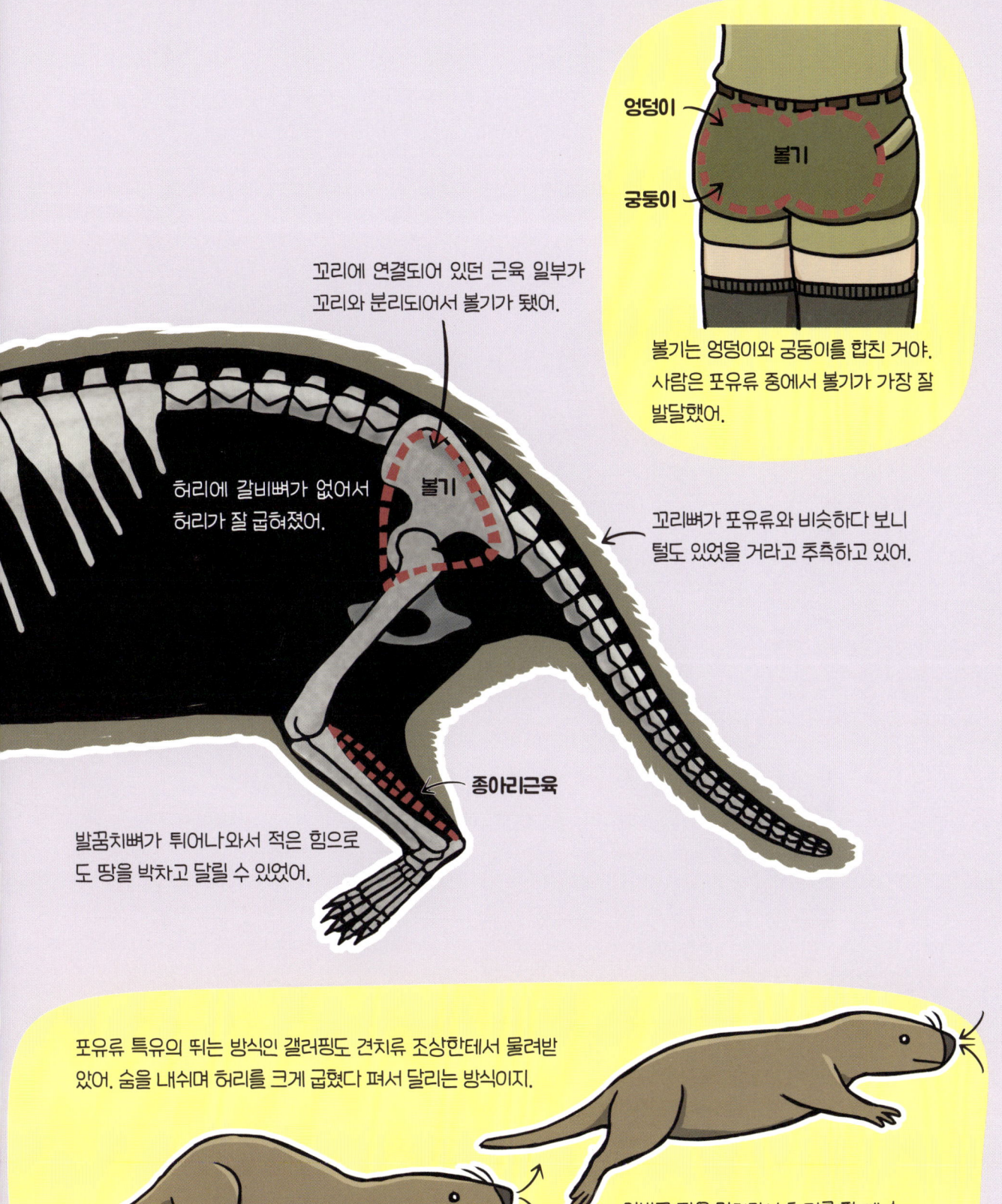

변화무쌍한 이궁류

페름기 말 대멸종에서 살아남은 생물들이 다시금 생태계를 만들며 트라이아스기가 시작됐어. 그리고 이궁류가 다양하게 진화했지. 이궁류는 굴을 파거나 나무를 탔을 뿐만 아니라, 바다와 하늘까지 터전으로 삼았어.

이카로사우루스 *Icarosaurus*
트라이아스기 | 미국 뉴저지 | 몸길이 약 10센티미터

몸통 양옆으로 갈비뼈가 지탱하는 날개가 있어. 나무 사이를 날아다녔지.

헤노두스 *Henodus*
트라이아스기 | 독일 | 몸길이 약 1미터

거북처럼 뼈로 된 등딱지와 배딱지가 있었어. 넓적한 입으로 바다 밑바닥을 파헤쳐 먹이를 찾았어.

드레파노사우루스 *Drepanosaurus*

트라이아스기 | 이탈리아 | 몸길이 약 50센티미터

큼직한 발톱과 꼬리 끝의 갈고리로 나무를 타며 살았어.

크신푸사우루스 *Xinpusaurus*
트라이아스기 | 중국 구이저우 | 몸길이 약 3미터

기다란 몸을 구불구불 움직이며 헤엄쳤어.

구이조우익티오사우루스 *Guizhouichthyosaurus*
트라이아스기 | 중국 구이저우 | 몸길이 약 5미터

바다에 사는 다른 동물들을 잡아먹고 산 어룡이야.

오르니토수쿠스 *Ornithosuchus*
트라이아스기 | 영국 | 몸길이 약 2미터

공룡처럼 생겼지만 악어에 좀 더 가까워.

이궁류는 정말 다양하게 진화해서 고생물학자들도 진화 과정을 정확하게 밝히지 못했어. 머리뼈 형태가 너무 많이 바뀌어 버렸거든.

이궁류 머리뼈의 기본적인 모습이야. 측두창이 두 개씩 있지.

어룡

어룡과 수장룡은 각각 따로 진화했는데 서로 비슷하게 정수리 쪽 구멍만 남게 됐어.

수장룡

거북

정수리와 관자놀이 주변의 뼈들이 사라져서 머리뼈 뒤쪽이 움푹 파였어.

조류
정수리와 관자놀이 구멍이 거의 다 막혔어.

악어
악어는 측두창 두 쌍이 제대로 남았지만, 다른 곳들이 특이하게 변했어. 꼭 포유류처럼 말이야.

위턱이 단단한 뼈로 꽉 차서 입천장에도 뼈가 있어.

유린류
뱀과 도마뱀을 아우르는 부류야.

유린류의 관자놀이 아래쪽 뼈가 사라지면서 턱의 움직임이 더 유연해졌어.

뱀은 머리뼈가 유독 많이 사라져서 턱을 아주 크게 벌릴 수 있어.

이궁류 중 진화 과정이 밝혀진 동물들도 있어. 그중 하나가 '거북'이야. 거북을 '파충류'로 분류하긴 했지만, 과학자들은 거북의 정체를 놓고 오랫동안 고민했어. 오늘날 파충류과 비교했을 때 오직 거북만 다음과 같은 특징이 있지.

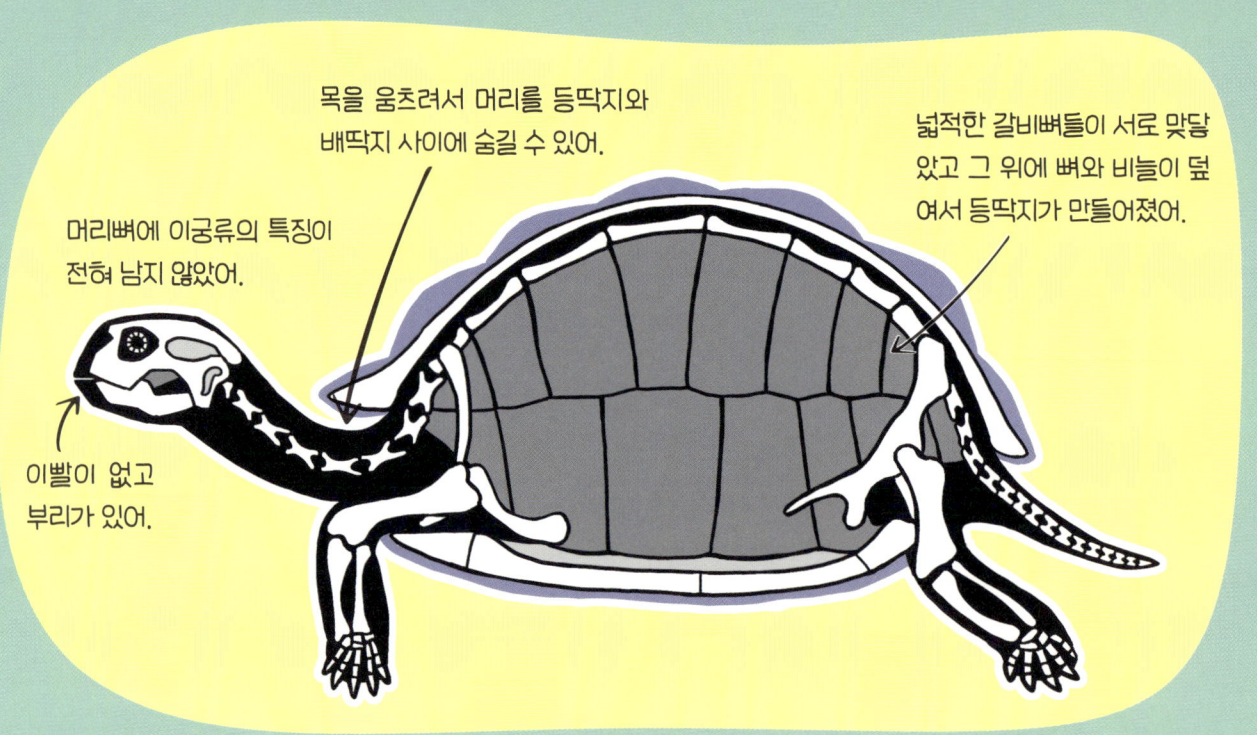

거북

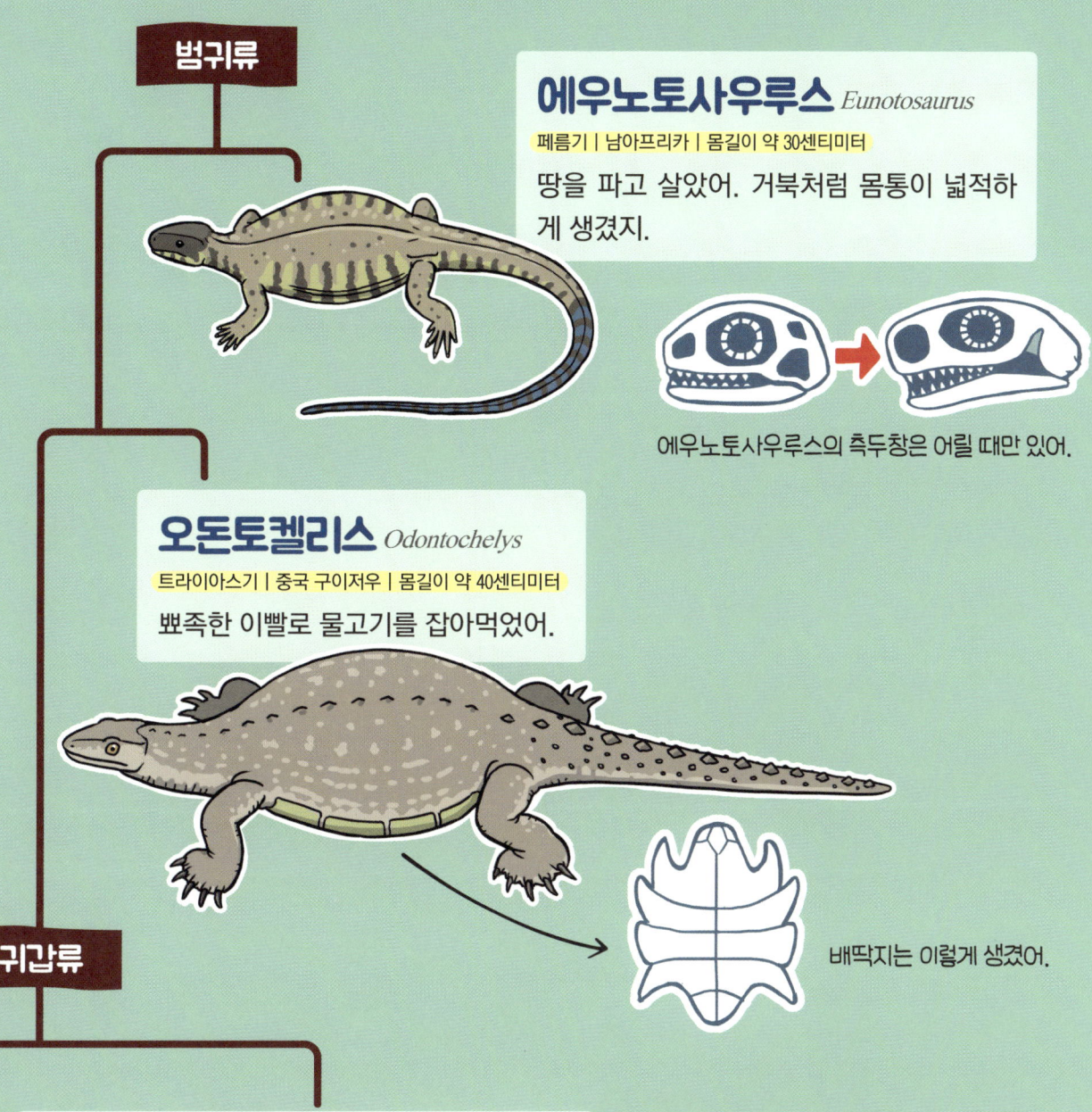

판게아를 누빈 주룡류

이제 판게아에 살던 공룡 조상의 차례야. 공룡과 익룡, 그리고 악어를 아울러서 '주룡류'라고 해. 아래와 같은 과정을 거치며 진화했어.

주룡형태류

목의 뼈대가 튼튼해져서 머리와 목의 무게를 잘 지탱하게 됐어.

히페로다페돈 *Hyperovdapedon*
트라이아스기 | 세계 여러 지역 | 몸길이 최대 1.5미터
위턱 앞쪽에 뾰족한 부리가 있어.

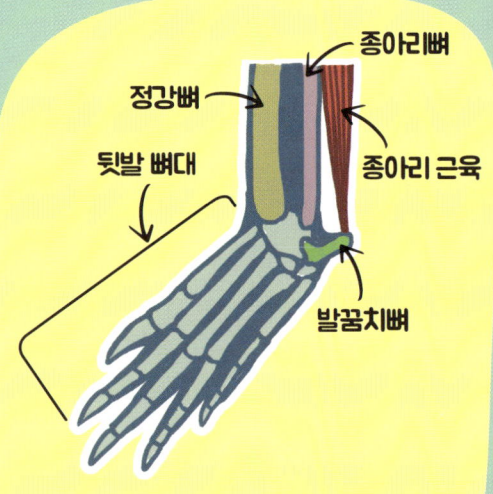
발꿈치뼈에 뒤로 튀어나온 돌기가 생겨서 뒷발로 힘차게 땅을 박찰 수 있게 됐어.

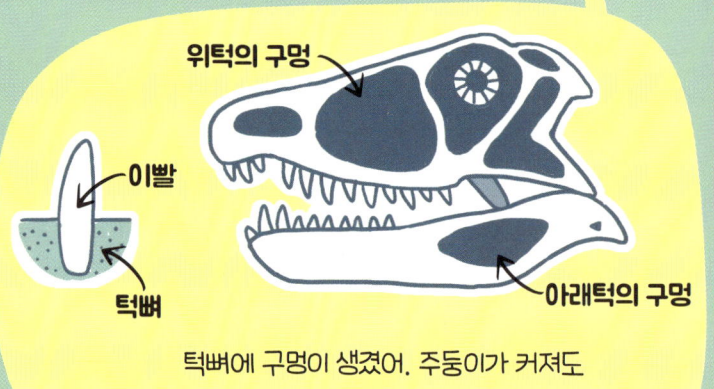
턱뼈에 구멍이 생겼어. 주둥이가 커져도 머리 무게를 줄일 수 있게 됐지.

디노케팔로사우루스 *Dinocephalosaurus*
트라이아스기 | 중국 구이저우 | 몸길이 약 3.5미터

바다에서 헤엄치며 살았어. 기다란 목에는 뼈마디가 아주 많아서 목이 쉽게 구부러졌어.

에리트로수쿠스 *Erythrosuchus*
트라이아스기 | 남아프리카 | 몸길이 최대 5미터

트라이아스기에 육지에서 가장 크고 무서운 육식 동물이었어.

루티오돈 *Rutiodon*
트라이아스기 | 미국 동부 | 몸길이 약 3미터

악어처럼 얕은 물속에 숨어 있다가 다가오는 사냥감을 물었을 거야.

주룡류

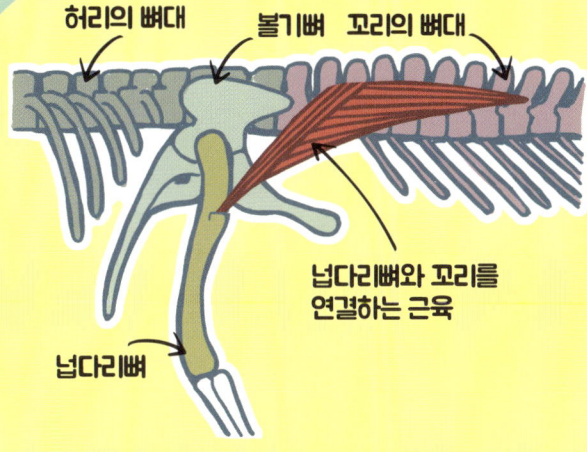

튼튼한 근육이 넙다리뼈와 꼬리에 걸쳐져서 뒷다리의 힘이 더 세졌어.

앞에서 살펴본 변화를 겪으면서 오늘날의 주룡류가 등장했어. 트라이아스기 조상들과는 다른 모습이지만 여전히 하늘과 열대지방의 강과 늪을 누리고 있지.

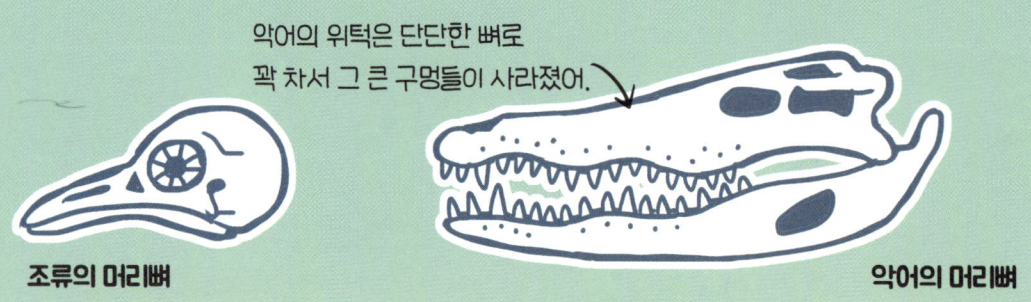

악어의 위턱은 단단한 뼈로 꽉 차서 그 큰 구멍들이 사라졌어.

조류의 머리뼈

악어의 머리뼈

주룡류는 발목의 뼈대 구조에 따라 두 가지로 분류할 수 있어.

조류식 발목
큼직한 목말뼈를 중심 삼아서 다른 뼈들이 달라붙은 구조야.

- 종아리뼈
- 목말뼈
- 발허리뼈
- 엄지발가락
- 발가락뼈

악어식 발목
발꿈치뼈가 뒤로 도드라졌어.

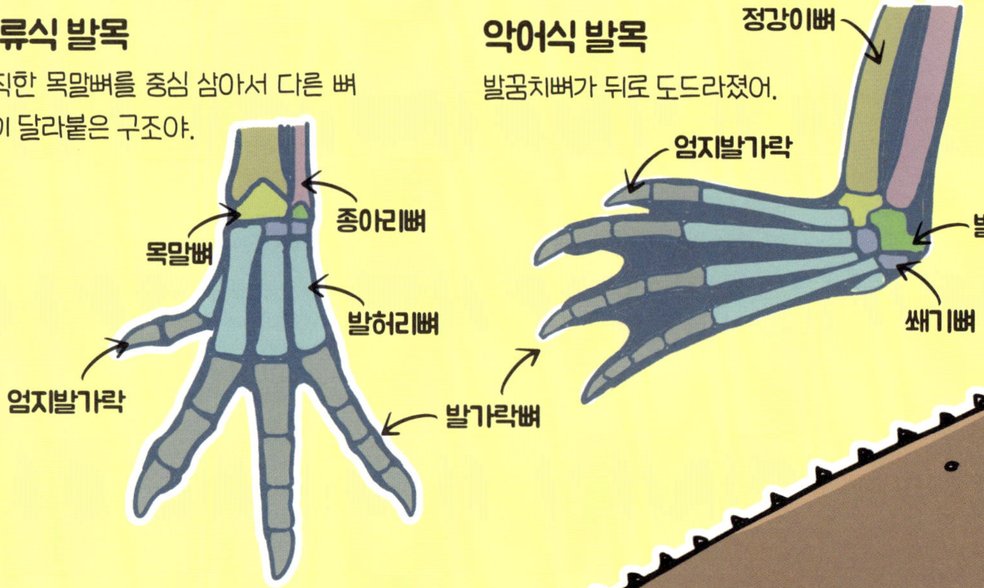

- 정강이뼈
- 엄지발가락
- 발꿈치뼈
- 쐐기뼈

* 조류의 발을 이루는 뼈들은 서로 달라붙었기 때문에 실물은 뚜렷하게 구분되지 않아.

마라수쿠스 *Marasuchus*
트라이아스기 | 아르헨티나 | 몸길이 최대 40센티미터

조류식 발목 주룡류도 처음에는 이렇게 작았어. 견치류처럼 자신보다 작은 동물들한테는 무서운 천적이었을 거야.

조류식 발목 부류에서 공룡과 익룡이 생겨났어. 공룡은 트라이아스기가 끝날 때 육지에서 가장 거대한 척추동물이 되었고, 익룡은 척추동물 중에서 처음으로 날갯짓을 하며 날아오르게 됐지.

아우스트리아닥틸루스 *Austriadactylus*
트라이아스기 | 오스트리아 | 날개폭 약 1.2미터

초창기 익룡이야.

플라테오사우루스 *Plateosaurus*
트라이아스기 | 유럽 북서부 | 최대 몸길이 약 10미터

거대한 초식 공룡이야.

플라테오사우루스는 뒷발로만 걸었어. 앞발의 큰 발톱은 싸울 때 사용했을 거야.

거대한 공룡이 등장하기 전까지 육지의 진정한 지배자는 악어식 발목 주룡류였어. 두 발로 걷거나 네 발로 걷는 종류와 더불어 다양한 크기의 초식 동물과 육식 동물도 있었지. 트라이아스기에 판게아를 이루던 대륙들은 또 흩어지기 시작했어. 이미 판게아에 적응해서 살고 있던 생물들에게는 가혹한 시련이었지. 악어식 발목 주룡류 일부만 살아남았고, 그렇게 공룡시대가 시작됐어.

오르니토수쿠스 *Ornitosuchus*

트라이아스기 | 영국 | 2-3미터

아주 오래된 악어식 발목 주룡류야. 트라이아스기에 200만 년 동안 큰비가 내려서 멸종했어.

데스마토수쿠스 *Desmatosuchus*

트라이아스기 | 미국 서부 | 몸길이 최대 4.5미터

등이 뼈로 된 비늘과 가시로 뒤덮인 초식 동물이야.

아래턱이 뾰족하게 생겨서 땅을 파헤치기 좋았어.

프레스토수쿠스 *Prestosuchus*
트라이아스기 | 브라질 히우그란지두술 | 몸길이 최대 6미터

단궁류를 잡아먹고 산 거대한 육식 동물이야.

에피기아 *Effigia*
트라이아스기 | 미국 뉴멕시코 | 몸길이 약 2미터

날렵한 초식 동물이야. 이빨이 전혀 없었지.

테레스트리수쿠스 *Terrestrisuchus*
트라이아스기 | 영국 | 몸길이 약 80센티미터

악어식 발목 주룡류 중에는 이렇게 작은 종류만 트라이아스기 말 대멸종에서 살아남았어.

파충류의 시대

트라이아스기 말 대멸종을 겪은 뒤에도 이궁류는 계속 번성했어. 중생대가 끝날 때까지 이궁류는 크고 화려한 모습으로 진화해서 하늘과 땅, 바다를 지배했지.

쥐라기와 백악기에는 공룡뿐만 아니라 익룡도 번성했어. 백악기에는 기린 크기의 덩치로 날아다닌 익룡도 있었지.

쥐라기를 맞이한 공룡 중에서 몸집이 커지는 대신 하늘을 날도록 진화한 부류가 새가 됐어. 그리고 익룡이 사라진 신생대 하늘을 누비게 됐지.

공룡시대가 지금도 계속되고 있어. 오늘날 9000종이 넘는 새들도 공룡의 한 부류니까 말이야.

공룡시대에도 악어식 발목 주룡류들은 여러 종류로 진화했어. 그리고 육지 대신에 강과 늪을 지배했지.

사르코수쿠스 *Sarcosuchus*
백악기 | 북아프리카, 브라질 | 몸길이 최대 9미터

큰 물고기와 공룡을 잡아먹었어.

육지에서 계속 살아간 종류들도 있었어. 비록 트라이아스기 시절처럼 거대하게 진화하지는 못했지.

시모수쿠스 *Simosuchus*
백악기 | 마다가스카르 | 몸길이 약 75센티미터

땅딸막했던 초식 동물이야.

뒷다리로만 걸어 다닌 종류도 있긴 했어. 우리나라 경상남도에 발자국을 여럿 남겼지.

입과 코를 분리해 주는 입천장 덕분에 물속에서 입을 벌리고 숨 쉴 수 있었어.

크리코사우루스 *Cricosaurus*
쥐라기 | 유럽 여러 지역, 멕시코, 아르헨티나 | 몸길이 최대 3미터

어룡이나 수장룡처럼 평생 바다에서 살았어.

백악기가 끝날 무렵에야 악어가 등장했어. 악어식 발목 주룡류 중에서 악어가 가장 막내인 셈이야. 악어의 등뼈는 앞쪽이 오목하고 뒤쪽이 볼록해서 서로 단단하게 결합되는 것이 특징이야.

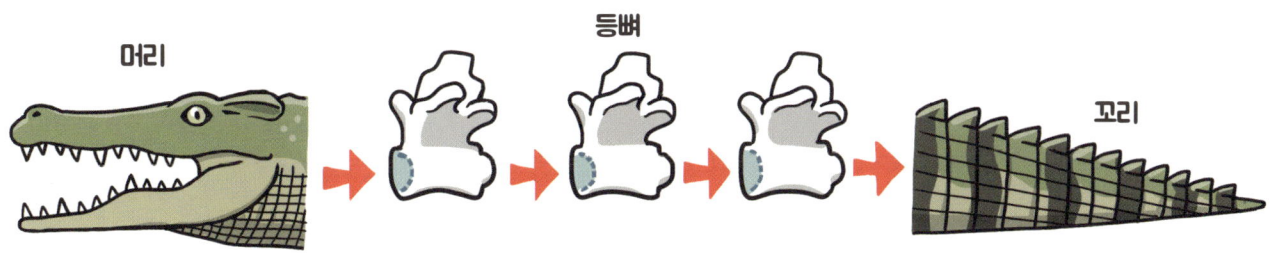

머리 → 등뼈 → 꼬리

주룡류가 아닌 이궁류들도 쥐라기와 백악기 동안 다양하게 진화했어. 오늘날에도 번성하고 있는 종류도 있지.

라이티코사우루스 *Rhaeticosaurus*
트라이아스기 | 독일 | 몸길이 약 2.3미터

지느러미처럼 변한 다리로 헤엄친 수장룡이야.

플라티켈리스 *Platychelys*
쥐라기 | 유럽 여러 지역 | 등딱지 길이 약 20센티미터

쥐라기에는 진짜 거북이 등장했어. 조상들이 물과 땅을 오가며 진화한 덕분에 거북은 땅도 잘 파고 헤엄도 잘 쳐.

파충류 중 뱀이나 도마뱀처럼 각질 비늘을 가진 유린류도 백악기 바다를 지배했어. 특히 모사사우루스는 당시 바다에서 가장 무서운 육식 동물이었지.

틸로사우루스 *Tylosaurus*

백악기 | 북아메리카 여러 지역 | 최대 몸길이 약 13미터

백악기 바다 최강의 포식자였던 유린류야. 바다로 떠내려 온 죽은 공룡을 먹거나 동족을 물어 죽이기도 했어.

바다거북은 목을 움츠려도 머리를 등딱지와 배딱지 사이로 숨기지 못해.

뱀은 백악기가 끝날 무렵에 등장했어. 다리가 없어서 작은 포유류가 숨어 있을 만한 곳이라면 어디든지 비집고 들어갈 수 있었어.

마지막으로 포유류 이야기를 할게. 포유류는 견치류 중에서 귀가 예민하게 진화한 종류야. 쥐라기와 백악기를 거치면서 다른 견치류들이 멸종하는 동안 포유류는 계속 살아남았지.

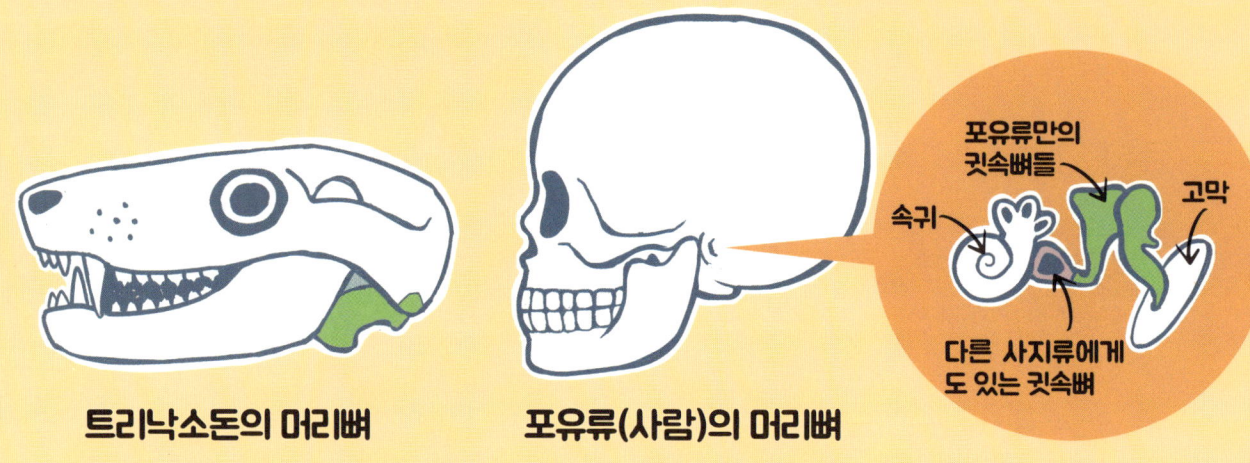

귓속뼈는 고막에서 전해지는 떨림을 더 크게 만들어서 속귀에 전달해. 이런 귓속뼈가 무려 세 개씩이나 된다는 점이 포유류만의 특징이지. 소리를 잘 듣는 덕분에 컴컴한 곳에서 벌레를 잡아먹으며 진화할 수 있었어.

중생대 동안 포유류는 빠르게 진화했어. 겉모습은 초라했지만, 각자의 방식으로 새끼를 돌보게 되었지.

주라마이아 *Juramaia*
쥐라기 | 중국 랴오닝 | 몸길이 약 8센티미터 (꼬리 제외)
뱃속에서 태아를 기른 뒤에 출산했던 포유류야.

* 여기 그려진 주라마이아는 실제 크기야!

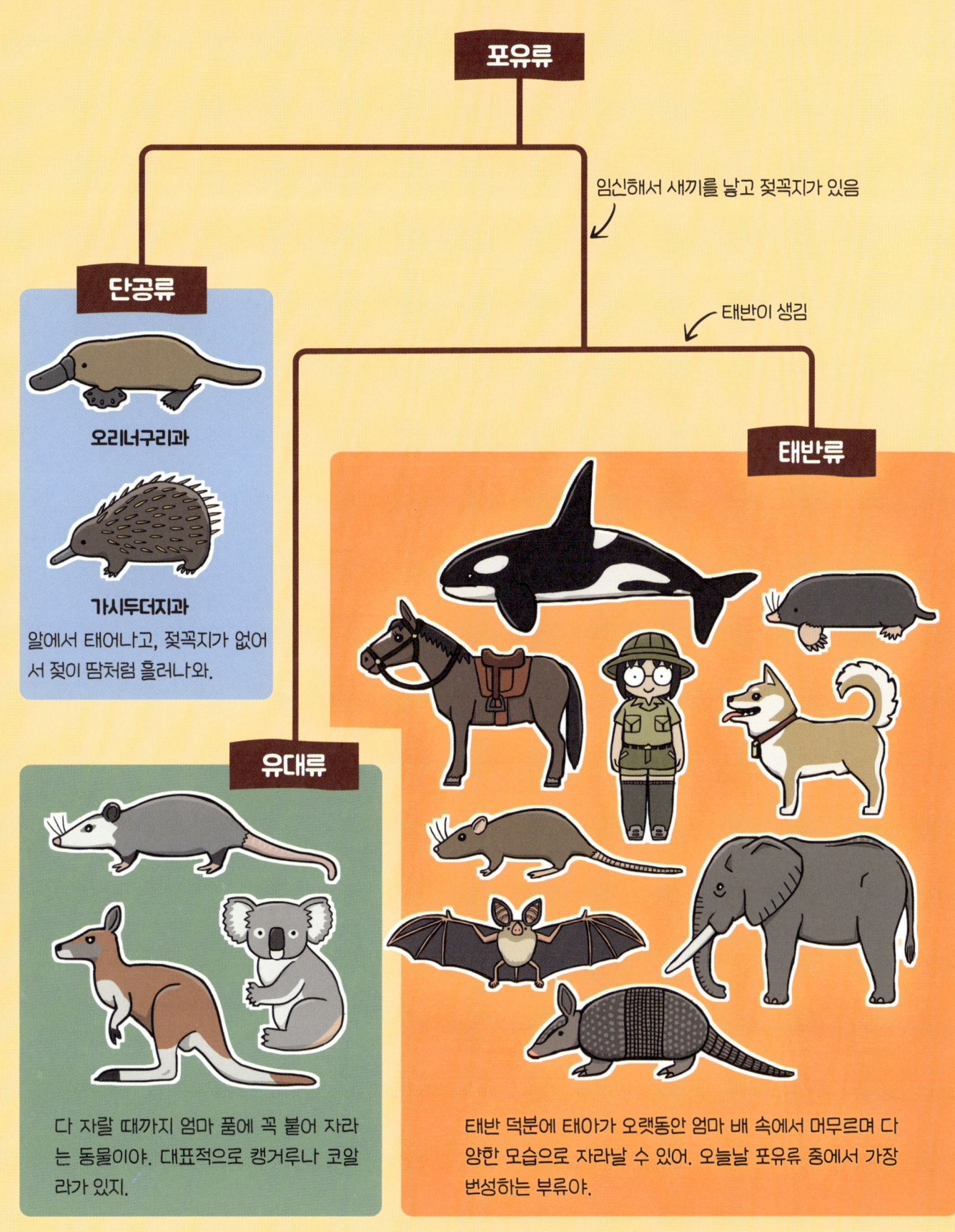

과학자들은 왜 이상한 단어들을 만들어?

'트라이아스기', '양막류', '유린류' 등 이 책에 나오는 다양한 단어들은 과학자들이 만들었어. 과학은 여러 연구를 통해 서로 의견을 주고받아야 하는데 생각을 구체적으로 표현하기 위해 새로운 단어를 만들어야 할 때도 있거든. 그러다 보니 보통 사람들이 알아듣기 어려운 경우가 많아. 하지만 과학자들이 만들어 낸 단어 중에는 '동물', '공룡', '세균'처럼 누구나 알 수 있는 것들도 있지.

과학자들은 사자나 호랑이처럼 아주 유명한 동물에게도 과학적 이름인 학명을 지어줬어. 사자는 '판테라 레오 *Panthera leo*'고, 호랑이는 '판테라 티그리스 *Panthera tigris*'야. 사자와 호랑이는 둘 사이에서 새끼가 태어날 수 있을 만큼 서로 비슷해서 같은 종류로 묶어서 '판테라 *Panthera*'라는 이름을 붙였어. 야생에서는 서로 섞이지 않는 다른 종이니까 뒤에 단어 하나씩을 덧붙여서 구별한 거지. '트리케라톱스 *Triceratops*'나 '올레노이데스 *Olenoides*'처럼 멸종된 동물들의 이름도 같은 방식으로 지어 졌어. 살았던 시대나 지역을 기준으로 종을 구분할 때에는 '트리케라톱스 호리두스 *Triceratops horridus*'나 '올레노이데스 세라투스 *Olenoides serratus*'처럼 두 단어로 된 이름이 쓰이지.

3장.
공룡이 노래하는 새가 되기까지

새도 다른 공룡들처럼 중생대에 등장했어. 하지만 중생대의 새는 오늘날의 새와 많이 달랐어. 최초의 새는 높은 곳에 둥지를 짓거나 노래를 부르지도 않았어. 중생대의 다양한 새들 중에서 단 한 부류만 오늘날까지 살아남았는데, 그 새들을 과학자들은 '조류'라고 불러.

조류가 공룡인 이유

19세기 과학자들은 어떤 공룡의 뼈대는 조류와 비슷하다는 걸 발견했어. 이후로 계속 증거가 모이면서 21세기에 조류는 공룡이라는 사실이 확실히 밝혀졌어.

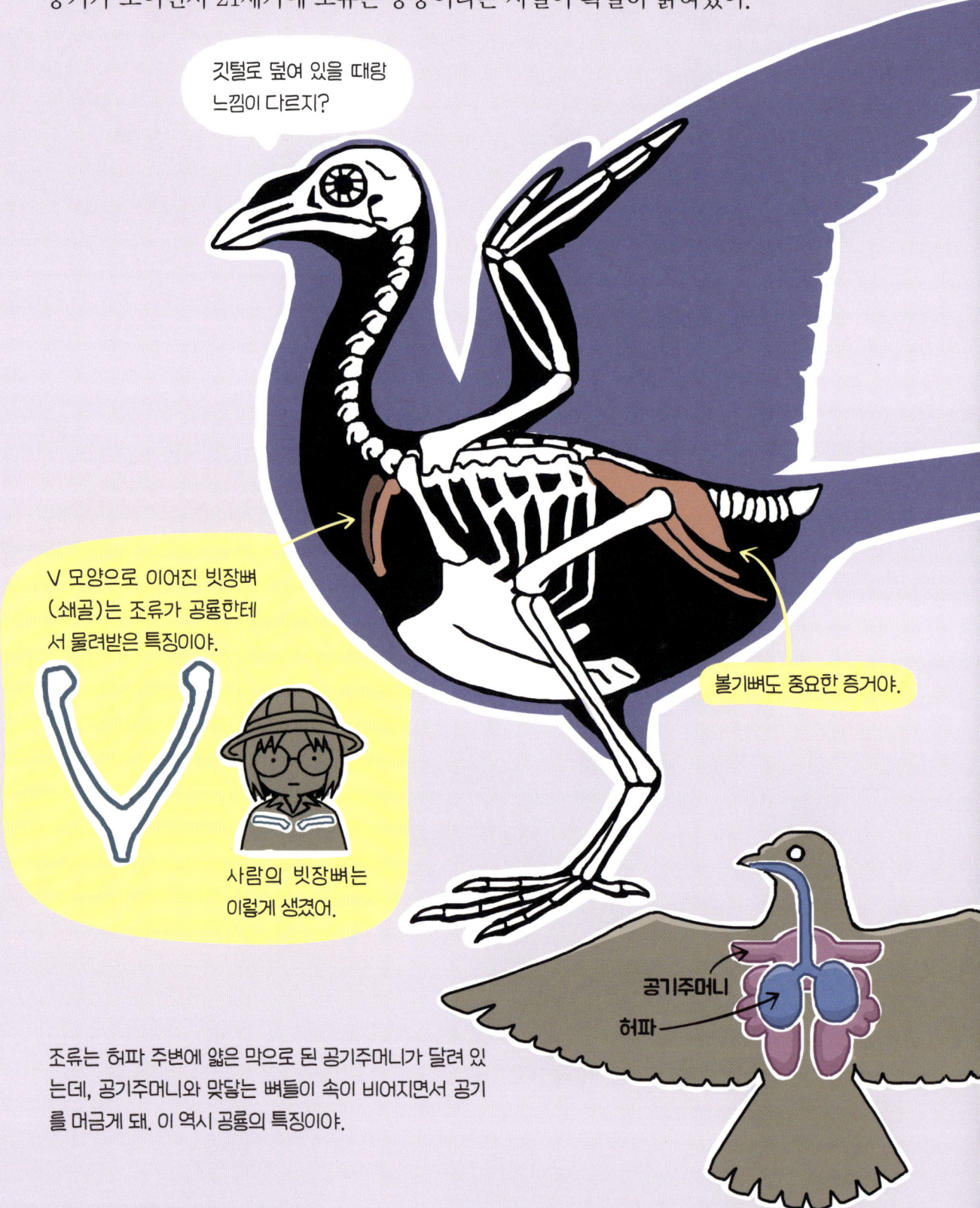

깃털로 덮여 있을 때랑 느낌이 다르지?

V 모양으로 이어진 빗장뼈(쇄골)는 조류가 공룡한테서 물려받은 특징이야.

사람의 빗장뼈는 이렇게 생겼어.

볼기뼈도 중요한 증거야.

공기주머니
허파

조류는 허파 주변에 얇은 막으로 된 공기주머니가 달려 있는데, 공기주머니와 맞닿는 뼈들이 속이 비어지면서 공기를 머금게 돼. 이 역시 공룡의 특징이야.

엉덩뼈, 두덩뼈, 궁둥뼈가 맞물리는 곳에 큼직한 구멍이 있고, 여기에 넙다리뼈의 둥근 돌기가 꼭 끼워져. 조류의 볼기뼈도 비슷한 구조야.

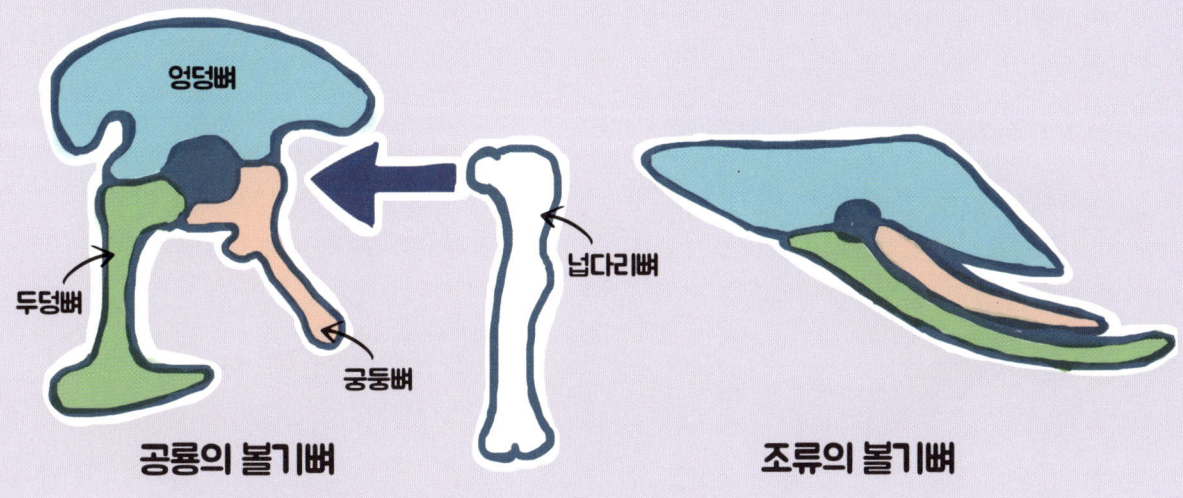

엉덩뼈
두덩뼈
궁둥뼈
넙다리뼈
공룡의 볼기뼈
조류의 볼기뼈

다만, 조류는 워낙 특수하게 진화해서 아래와 같은 특징들이 있어.

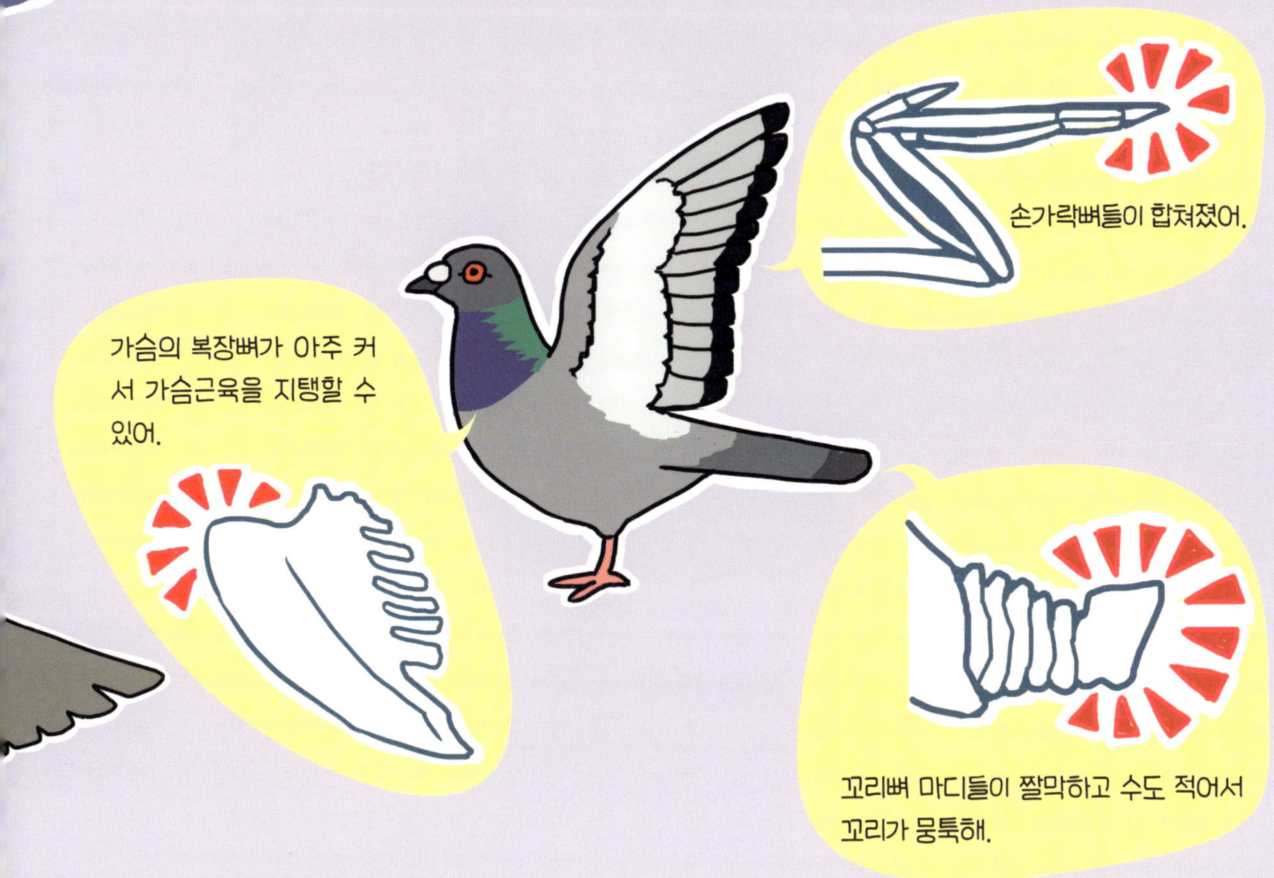

손가락뼈들이 합쳐졌어.
가슴의 복장뼈가 아주 커서 가슴근육을 지탱할 수 있어.
꼬리뼈 마디들이 짤막하고 수도 적어서 꼬리가 뭉툭해.

조류는 공룡 중에서도 수각류야. 수각류는 뒷발로만 걷는 공룡 부류지. 이빨이 날카롭고 덩치가 커다란 육식 공룡들은 모두 수각류야. 하지만 수각류 중에는 초식을 하거나 이빨이 없는 종류도 많았어.

오르니토미무스 *Ornithomimus*
백악기 | 캐나다 앨버타 | 몸길이 약 3.8미터
긴 다리로 빠르게 달렸고 눈이 아주 컸어.

알로사우루스 *Allosaurus*
쥐라기 | 미국 서부, 포르투갈 | 몸길이 약 10미터
강가에서 살며 물을 마시러 온 초식 공룡을 사냥했어.

오비랍토르 *Oviraptor*
백악기 | 몽골 | 몸길이 약 1.6미터

알들을 모아서 늘어놓고 그 위에 앉아서 알들을 지켰어.

미크로랍토르 *Microraptor*
백악기 | 중국 랴오닝 | 몸길이 약 1미터

날 수 있는 육식 공룡이야. 앞다리뿐 아니라 뒷다리도 날개처럼 생겼어.

세그노사우루스 *Segnosaurus*
백악기 | 몽골 | 몸길이 약 6미터

주둥이가 뾰족해. 갈퀴처럼 생긴 앞발로 나뭇잎을 뜯어먹었어.

중생대의 조익류들

백악기 새는 아주 다양한 종류로 진화했어. '조류' 말고도 다양한 부류가 있었지. 고생물학자들은 중생대의 새들을 모두 아우를 수 있도록 '조익류'라는 이름을 새로 만들었어.

조그만 이빨들이 있었어.

제홀로르니스 *Jeholornis*
백악기 | 중국 허베이, 랴오닝 | 몸길이 약 80센티미터

땅에서 바로 날아오를 만큼 날갯짓을 세게 하지는 못했어. 나무를 때는 날개와 뒷발의 발톱을 사용했지.

꼬리에 아주 멋진 털이 있었지.

화석이 된 제홀로르니스의 배에서 나무 열매의 씨앗과 자갈이 섞여 있어. 자갈이 씨앗을 잘게 부숴 소화를 돕기 때문에 먹이와 함께 삼키는 거야.

제홀로르니스는 뼈대는 조류와 많이 달랐어.

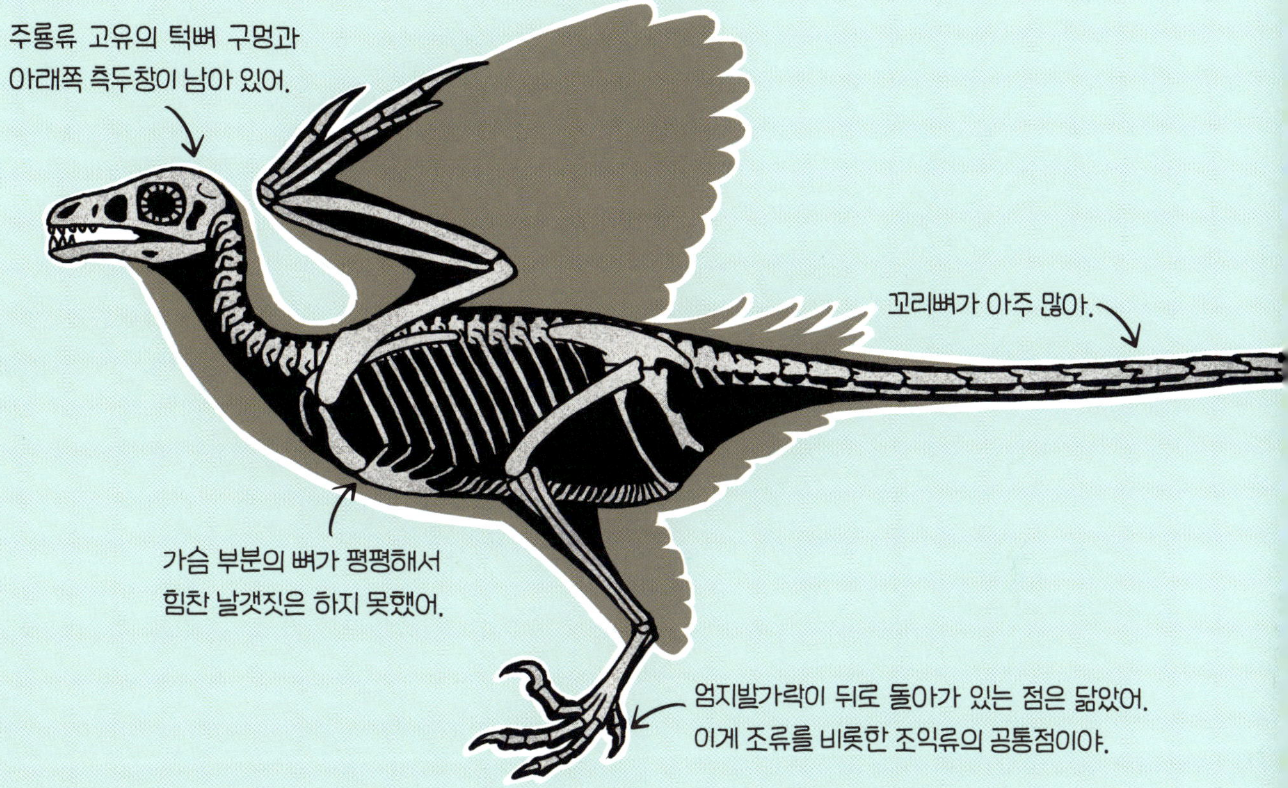

주룡류 고유의 턱뼈 구멍과 아래쪽 측두창이 남아 있어.

꼬리뼈가 아주 많아.

가슴 부분의 뼈가 평평해서 힘찬 날갯짓은 하지 못했어.

엄지발가락이 뒤로 돌아가 있는 점은 닮았어. 이게 조류를 비롯한 조익류의 공통점이야.

제홀로르니스 화석에서 조익류와 조류의 다른 공통점이 발견됐어. 바로 알을 만드는 장기인 난소야.

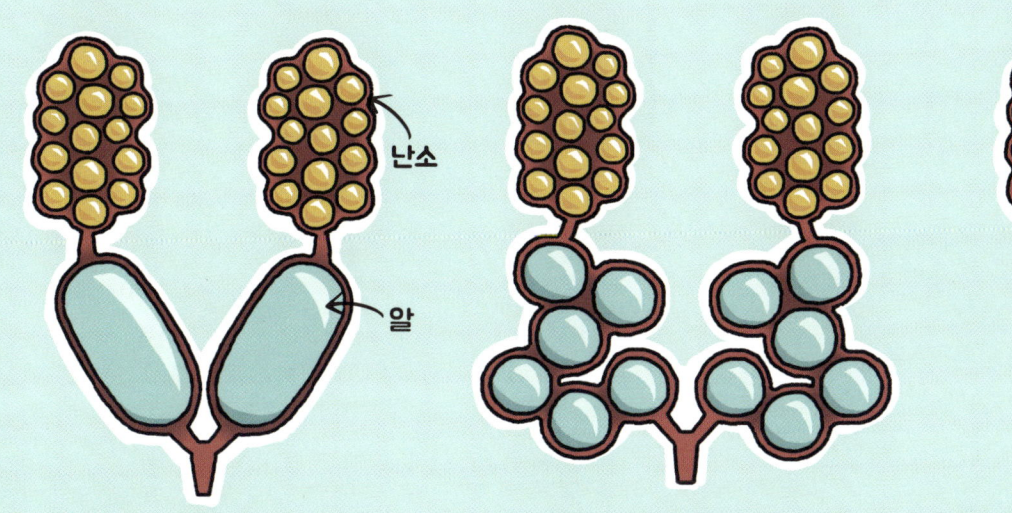

오비랍토르 같은 날개 달린 공룡은 두 개의 난소에서 각각 알을 하나씩 만들었어.

파충류는 보통 두 개의 난소에서 여러 개의 알을 만든 뒤 한 번에 무더기로 낳아.

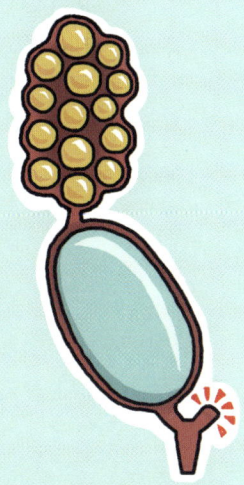

조익류는 난소가 왼쪽에 하나만 있어서 알을 하나만 낳을 수 있어.

백악기의 조익류 중에는 조류처럼 보일 만한 종류가 많았어. 오르니토미무스나 오비랍토르가 그러했듯이, 조익류 중에도 이빨 대신 부리가 있는 종류가 많았거든. 여기 그려진 조익류 중에서는 익티오르니스가 조류와 가장 가까운 친척이야.

제홀로르니스

조익류(새)
엄지발가락이 도드라졌어.

콘푸키우소르니스 *Confuciusornis*
백악기 | 중국 랴오닝 | 몸길이 약 25센티미터 (꽁지 제외)
유명한 철학자인 공자의 이름을 따서 '공자 새'라고 불려. 꼬리의 깃털 두 가닥이 유독 길었어.

꼬리가 짧고, 두덩뼈와 궁둥뼈가 나란해졌어.

손가락뼈들이 합쳐졌어.

고빕테릭스는 강가에서 길쭉하게 생긴 알을 낳았어. 알을 세로로 세워서 모래 속에 묻어 놨지. 아기 새는 알에서 나오자마자 튼튼한 날개로 날 수 있었어.

고빕테릭스 *Gobipteryx*
백악기 | 몽골 | 몸길이 약 17센티미터
고비 사막에서 발견되었어. 강가에서 길쭉하게 생긴 알을 낳았어.

콘푸키우소르니스 배에서 물고기 머리가 발견된 적이 있어. 물고기를 잡아먹었던 걸까? 거꾸로 콘푸키우소르니스가 늑대 크기의 수각류한테 잡아먹힌 상태로 발견된 적도 있어. 두 마리가 통째로 꿀꺽 삼켜진 상태였지.

익티오르티스 *Ichthyornis*

백악기 | 캐나다, 미국 | 몸길이 약 20센티미터

얕은 바다에서 살았던 바닷새야. 뾰족한 부리와 입안 중간 부분에 이빨이 있었어.

복장뼈가 크고 봉긋해졌어.

조류

이빨이 사라졌어.

비둘기

오늘날에도 그러하듯, 백악기에도 새들은 다양했어. 잘 나는 대신에 몸집이 커지거나 헤엄을 잘 칠 수 있도록 진화했어. 그러다 보니 날지 못하게 된 조익류도 있어.

제홀로르니스
콘푸키우소르니스
고빕테릭스

베가비스 *Vegavis*
백악기 | 남극 | 몸길이 약 60센티미터

오리처럼 헤엄을 치고 꽥꽥 소리를 냈던 물새야.

아스테리오르니스 *Asteriornis*

백악기 | 벨기에 | 몸길이 약 30센티미터

다리가 긴 조류야. 물가에서 걸어 다니며 씨앗이나 곤충을 쪼아 먹었을 거야.

발라우르 *Balaur*

백악기 | 루마니아 | 몸길이 약 2미터

큼직하고 날카로운 발톱 때문에 육식 동물처럼 보이지만, 나무를 타는 초식 동물이었을 거야.

헤스페로르니스 *Hesperornis*

백악기 | 북반구 여러 지역 | 몸길이 최대 1.8미터

발가락이 지느러미처럼 생긴 바닷새야. 몸집이 컸지만 날개는 아주 작았어.

대멸종에서 살아남은 조류

6600만 년 전, 오늘날 멕시코의 동쪽 바다에 소행성이 떨어졌어. 세계 곳곳에 불길이 휘몰아쳤고 쓰나미가 닥쳤어. 먼지들이 지구를 감싸면서 긴 밤이 계속됐어. 햇빛이 없으니 식물도 제대로 자랄 수 없었고, 먹잇감이 없으니 동물들도 굶어 죽었어. 백악기 말 대멸종이 일어난 거지. 하지만 조류는 살아남았는데, 그 이유가 무엇일까? 여러 가지 가능성이 있지만, 여기서는 '알끈'을 소개할게.

조류의 알 속에는 노른자를 붙드는 알끈이 있어. 조류는 알을 품을 때 이따금 발로 알들을 굴리면서 뒤섞고 뒤집는데, 이때 알끈이 태아를 지켜 주는 안전벨트 노릇을 해. 덕분에 알에 골고루 온기가 전해져서 태아가 무럭무럭 건강하게 자랄 수 있지.

태아
알끈
노른자

오늘날의 고악류 60종 중에서 47종이 티나무야.

계안류라는 이름은 '닭 거위'라는 뜻으로 지어졌어. 닭과 거위뿐 아니라 꿩, 공작, 오리 등 동물원과 농장에서 만날 수 있는 친근한 새들도 계안류야.

이렇게 세 부류의 조류가 백악기 말 대멸종을 견디고 오늘날까지 살아남았어.

신조류

조류 중에서 신생대에 가장 다양하게 진화한 부류야. 알록달록한 벌새에서 큼직한 펠리컨까지 크고 작은 산새와 물새가 있고, 수리나 콘도르 같은 맹금도 있어. 까마귀나 앵무새처럼 똑똑한 새들도 있지. 오늘날 9000종이 넘는 조류 중에서 신조류가 아닌 종은 530종 정도밖에 되지 않아!

신생대의 대륙을 누비는 고악류

신생대에 조류는 다양하게 진화해서 생태계의 빈자리들을 채웠어. 날지 못할 만큼 거대해져서 공룡 친척들을 대신하게 된 종류도 많았지. 이런 거대한 조류 중에서 오늘날까지 살아남은 종류는 모두 고악류야.

날지 못하는 고악류들을 '평흉류'라고 해. 가슴이 평평하다는 뜻으로 지어진 이름이야. 날 수 있는 새의 깃털은 빳빳한 반면에 평흉류의 깃털은 부스스한 모양이야.

칼 모양의 빳빳한 깃털   **평흉류의 부스스한 깃털**

스트루티오(타조) *Struthio*
마이오세~ | 유라시아, 아프리카 | 몸길이 2~3미터

오늘날에도 아프리카에 두 종이 살고 있어. 오늘날 살아있는 새 중에서 가장 커.

팔라이오티스 *Palaeotis*
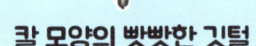
에오세 | 독일 | 몸길이 약 1미터

거위 크기의 고악류야. 어쩌면 타조의 조상일지도 몰라.

땅바닥에 걸어 다니며 사는 새들은 엄지발가락이 아주 작거나 아예 없어.

자이언트모아 *Dinornis*

홀로세 | 뉴질랜드 | 몸길이 2미터(수컷), 4미터(암컷)

모아는 뉴질랜드에서 살았어. 모아는 암컷이 수컷보다 더 크게 자라.

← 자이언트모아 암컷

← 자이언트모아 수컷

아이피오르니스 *Aepyornis*

홀로세 | 마다가스카르 | 몸길이 약 3미터

코끼리새 종류 중 하나야. 시력이 나쁜 대신에 냄새를 아주 잘 맡았지.

아이피오르니스 알은 지름이 34센티미터나 돼. 지금 배경으로 보이는 파란 동그라미만큼 크다는 거지.

평흉류들은 대륙이나 큰 섬에서 살아왔어. 중생대의 남쪽 대륙이 갈라지면서 뿔뿔이 흩어진 고악류들이 제각기 평흉류로 진화한 거야. 진화 과정은 아래 그림과 같아.

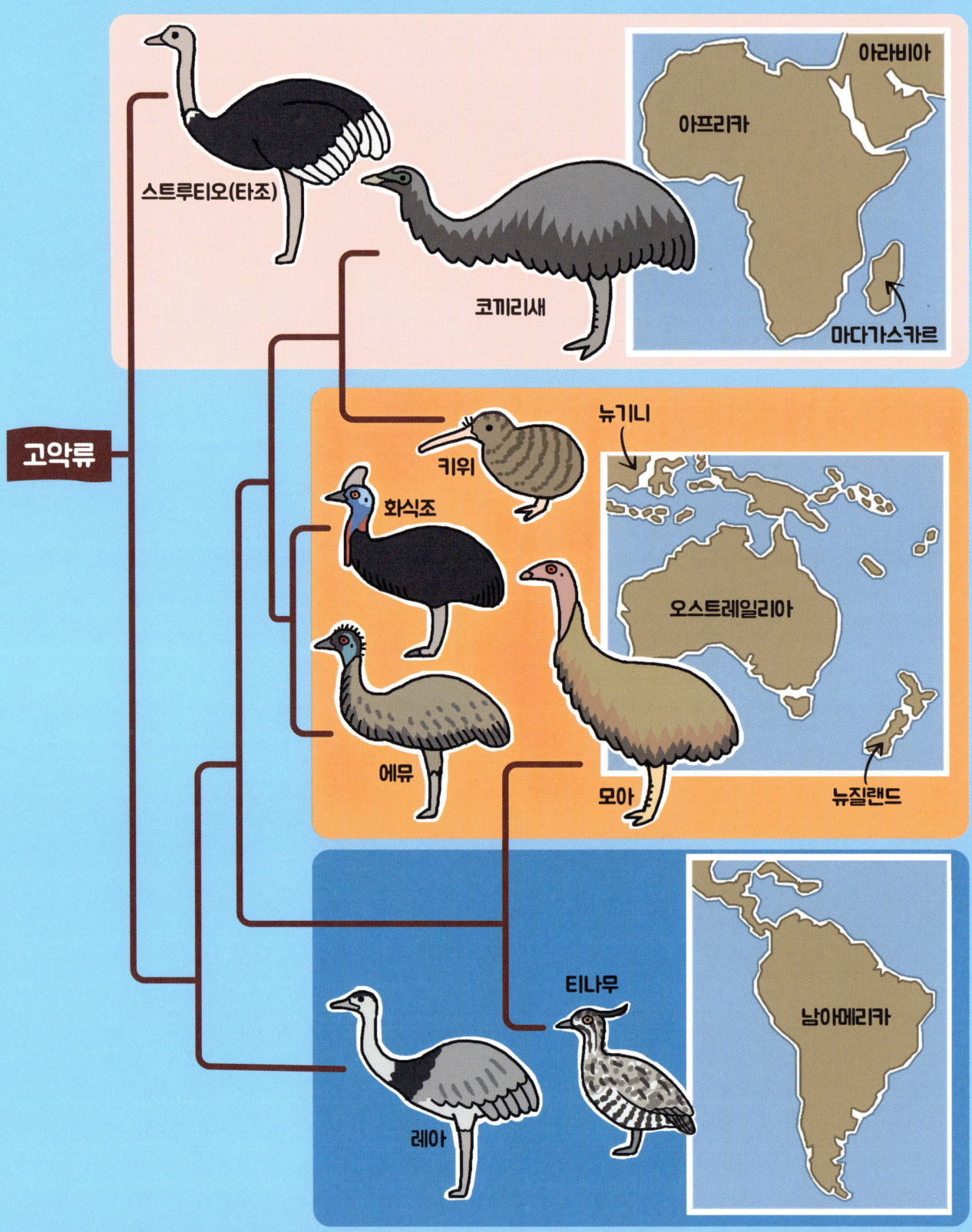

쥐라기 시작 무렵
남쪽 대륙이 흩어지면서 고악류들는 서로 멀찍이 떨어져서 살게 됐어. 그리고 신생대에 제각기 평흉류로 진화한 것이지.

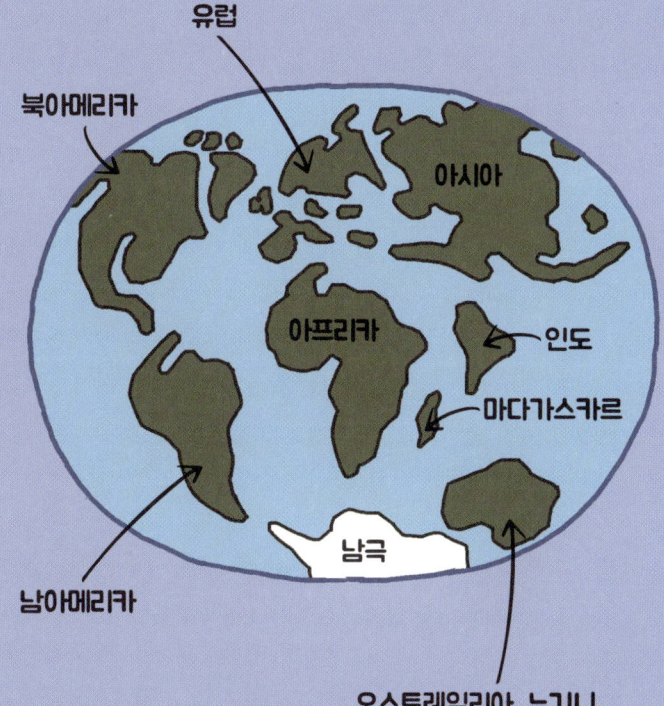

팔레오세
신생대에 지구는 큰 변화를 겪었어. 남극은 얼어붙어서 그곳에 살던 동물들은 죄다 죽고 말았어.

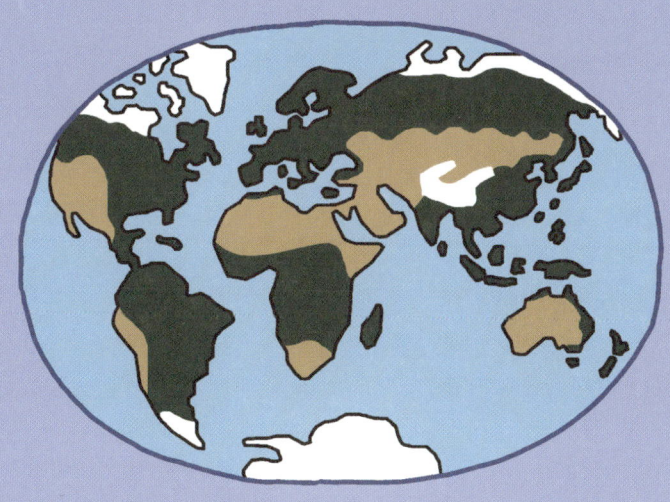

홀로세
홀로세는 오늘날이야. 키위의 조상은 오스트레일리아, 모아의 조상은 남아메리카 바다 위를 날아와 뉴질랜드에 도착했을 거야.

세계 곳곳으로 퍼져 나간 계안류

계안류도 신생대 동안 다양하게 진화했어. 오늘날에도 정글이나 사막, 높은 산에 사는 종류가 있고, 대륙을 넘나들며 이동하는 철새도 있어.

가스토르니스 *Gastornis*
팔레오세~에오세 | 북반구 | 몸길이 약 2미터

부리가 크고 단단한 도끼처럼 생겼어. 무섭게 생겼지만 초식 동물이야.

미국 콜로라도에서 길이가 24센티미터나 되는 깃털 화석이 발견됐어. 뒤에 보이는 분홍색 깃털 그림만큼 컸어.

프레스비오르니스 *Presbyornis*
팔레오세~에오세 | 북아메리카, 몽골 | 몸길이 약 1미터

긴 다리로 물에 잠긴 곳을 걸어 다녔던 물새야. 오리와 거위의 조상뻘이지.

펠라고르니스 *Pelagornis*
올리고세~플라이스토세 | 세계 여러 지역 | 몸길이 최대 1.7미터

'대양 새'라는 뜻의 이름에 걸맞게 긴 날개로 바다 위를 누볐어.

부리 가장자리에 뾰족한 돌기들이 돋아서 이빨이 난 것처럼 보였어.

레이포아 갈리나케아 *Leipoa galinacea*
플라이오세~플라이스토세 | 오스트레일리아 | 몸길이 약 1미터

칠면조 크기의 무덤새야. 무덤새는 몸집에 비해 커다란 알을 낳았어. 새끼들은 바로 날 수 있을 만큼 크게 자란 상태로 태어나.

무덤새는 수컷이 풀이나 낙엽을 썩힌 더미를 만들면 암컷이 그 위에 알을 낳아. 알을 직접 품지 않아도 더미 속에서 알들을 따뜻하게 보호할 수 있었지.

독특한 섬 생태계

신생대에 지구가 서늘해지면서 날지 못하는 큰 새들이 북쪽 대륙에서 사라졌고 따뜻한 남쪽 대륙의 새들이 포유류 천적을 신경 쓰며 살게 됐지. 하지만 섬은 사정이 달랐어. 섬에서는 대륙과 다른 생태계가 만들어지곤 하거든.

키그누스 팔코네리 *Cygnus falconeri*
플라이스토세 | 몰타 | 몸길이 약 2미터

커다란 고니야. 오늘날의 고니들보다 몸집이 컸어. 날개가 있어도 잘 날지 않고 몰타 섬에서 느긋하게 지냈을 거야.

시칠리아난쟁이코끼리 *Palaeoloxodon falconeri*
플라이스토세~홀로세 | 시칠리아, 몰타 | 키 약 1미터

지중해 섬들에는 작은 코끼리가 살았어. 맞서 싸울 맹수가 없는 섬에서는 코끼리가 크게 자랄 필요는 없었지.

탈파나스 *Talpanas*

홀로세 | 하와이 | 몸길이 약 30센티미터

시력은 매우 안 좋았지만 감각이 예민한 부리로 주변을 더듬으며 먹이를 찾았어.

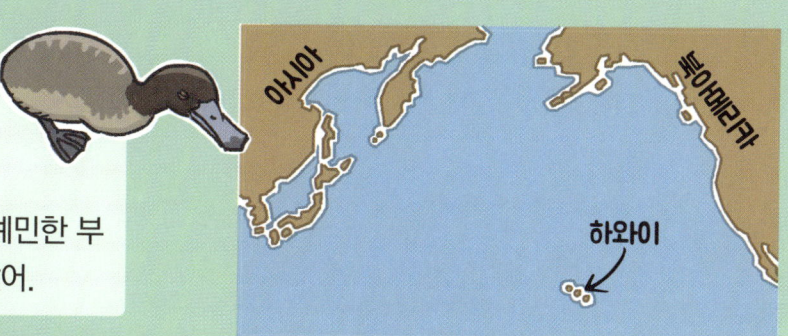

실비오르니스 *Sylviornis*

홀로세 | 누벨칼레도니 | 몸길이 약 1미터

가스토르니스처럼 부리가 커. 그리고 부리 위에 뼈로 된 볏이 있지.

메이올라니아 *Meiolania*

마이오세~홀로세 | 오스트레일리아, 누벨칼레도니 | 몸길이 최대 2.5미터

귀갑류 중에서 거북을 제외하고는 마지막 생존자야. 오랫동안 굶어도 살 수 있어서 바다에 둥둥 뜬 채로 오스트레일리아에서 누벨칼레도니까지 건너갔을 거야.

새끼를 돌보는 신조류

이제 신조류를 살펴볼 차례야. 신조류는 정말 다양하게 진화했어. 빠르게 날아다니며 먹이를 낚아채는 종류나 나뭇가지나 진흙으로 둥지를 짓는 솜씨 좋은 종류도 생겨났지. 새 중에서 제대로 된 노래를 부를 수 있는 종류도 신조류뿐이야.

신조류는 오늘날의 조류 중에서 유일하게 새끼에게 먹이를 물어다 주는 부류이기도 해.

알에서 나오자마자 씨앗과 채소, 벌레를 먹어.

날개가 아주 일찍 자라서 조금은 날 수 있어.

계안류인 병아리는 알에서 나오자마자 처음 본 큰 물체를 엄마로 여기고 따라다녀. 이런 습성을 '각인 효과'라고 해. 병아리는 태어났을 때부터 깃털도 나고 걸어 다닐 수 있어서 어미 닭이 먹이를 주지 않아도 뒤를 쫓아다니며 직접 찾아 먹을 수 있지.

복슬복슬한 깃털 덕분에 몸이 따뜻하게 유지돼.

삐약 삐약 삐약 삐약 삐약 삐약

계안류 수컷들은 외모가 화려한 대신 가족을 잘 돌보지 않아. 암컷은 건강한 새끼를 낳기 위해 아름다운 수컷을 찾아. 야생에서 살아남으며 외모까지 화려하게 가꾼 수컷은 건강함과 생존 능력을 모두 갖췄다고 생각한 거지. 그렇게 오랜 세월에 걸쳐 암컷에게 선택 받아 온 수컷들은 더욱 화려해질 수밖에 없었어.

계안류 중에서도 고니, 기러기, 거위 등 몸집이 큰 수컷 물새들은 가정적이야. 부모가 새끼를 함께 돌봐서 건강하게 자란 새끼는 몸집도 커졌어. 덕분에 천적에게 잡아먹히는 일도 드물어서 한 번 맺어진 짝과 오랫동안 살 수 있어. 이렇게 부부 관계가 평생 이어지는 새들은 짝을 고를 때 외모보다는 성격을 더 중요하게 따져. 그래서 암수의 겉모습도 서로 차이가 거의 없지.

군함조는 날개를 펼치면 그 길이가 2미터가 넘는 바닷새야. 다른 새가 잡은 물고기를 빼앗을 정도로 재빠르게 날 수 있지만 다리가 너무 약해서 걷거나 헤엄칠 수는 없지. 어릴 때부터 부모가 먹이를 가져다주니까 걷는 법을 몰라도 무럭무럭 자랄 수 있었던 거야.

신조류는 오늘날 조류 중에서 육아를 할 때 암수가 협력을 가장 많이 하는 부류야. 암컷과 수컷이 함께 둥지를 만들며 알을 품고, 새끼도 돌보면서 나는 법도 가르치지. 게다가 수컷들은 암컷에게 선택받기 위해 외모도 가꿔. 때로는 암컷에게 먹이를 선물로 주며 자신의 사냥 실력을 자랑하기도 하지. 노래 역시 능력을 보여 주는 수단이야.

신생대에 신조류는 빠른 속도로 다양하게 진화하며 세계 곳곳으로 퍼져 나갔어. 그리고 오늘날 우리가 '새'라고 하면 바로 떠오르는 새가 등장했지.

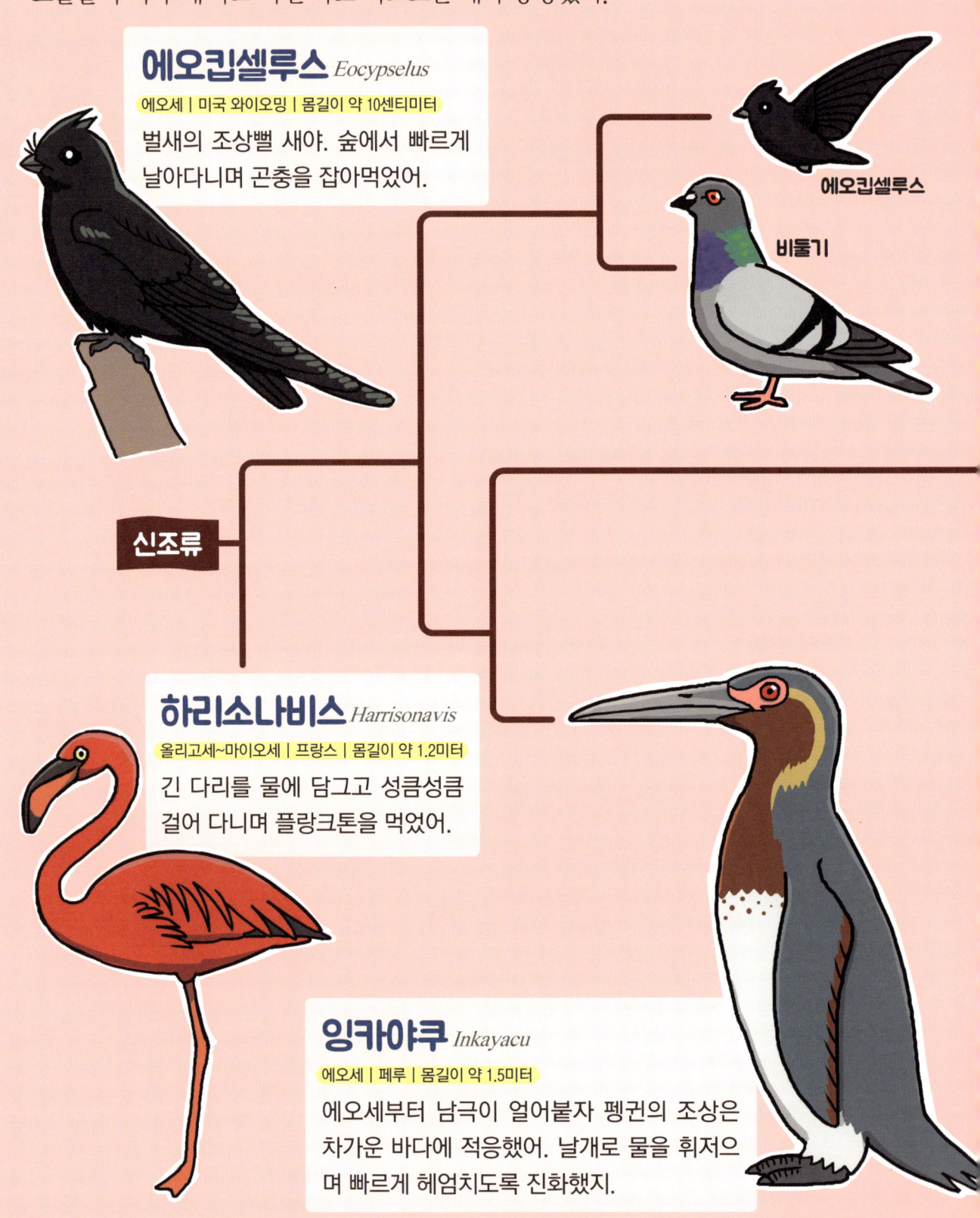

에오킵셀루스 *Eocypselus*
에오세 | 미국 와이오밍 | 몸길이 약 10센티미터

벌새의 조상뻘 새야. 숲에서 빠르게 날아다니며 곤충을 잡아먹었어.

신조류

하리소나비스 *Harrisonavis*
올리고세~마이오세 | 프랑스 | 몸길이 약 1.2미터

긴 다리를 물에 담그고 성큼성큼 걸어 다니며 플랑크톤을 먹었어.

잉카야쿠 *Inkayacu*
에오세 | 페루 | 몸길이 약 1.5미터

에오세부터 남극이 얼어붙자 펭귄의 조상은 차가운 바다에 적응했어. 날개로 물을 휘저으며 빠르게 헤엄치도록 진화했지.

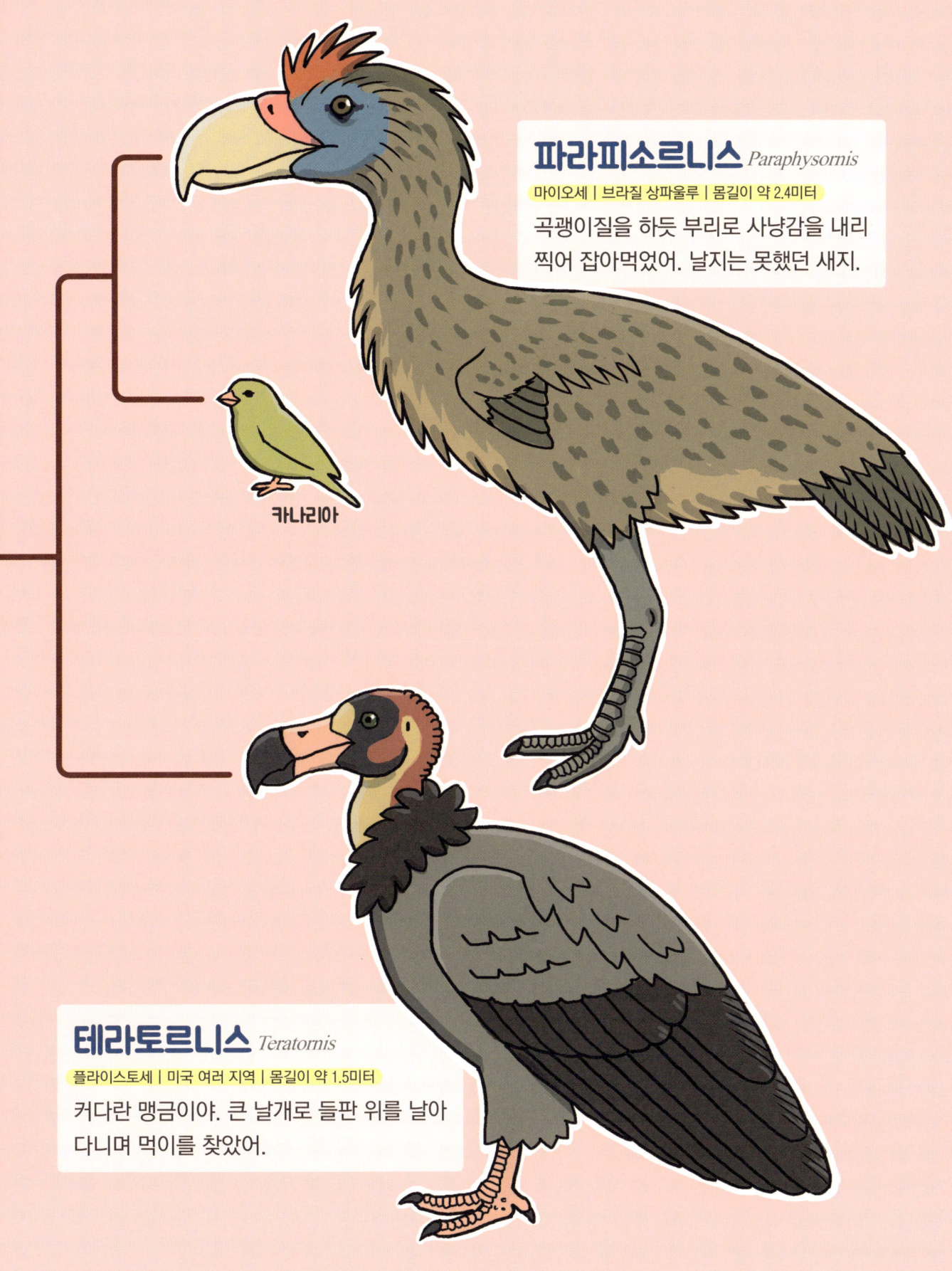

파라피소르니스 *Paraphysornis*
마이오세 | 브라질 상파울루 | 몸길이 약 2.4미터

곡괭이질을 하듯 부리로 사냥감을 내리찍어 잡아먹었어. 날지는 못했던 새지.

카나리아

테라토르니스 *Teratornis*
플라이스토세 | 미국 여러 지역 | 몸길이 약 1.5미터

커다란 맹금이야. 큰 날개로 들판 위를 날아다니며 먹이를 찾았어.

종교와 과학, 같이 믿을 수 있어?

과학은 세상을 이해하기 위해 만들어졌어. 하지만 세상이 워낙 크고 복잡하다 보니 과학을 제대로 배우기란 쉽지 않은 일이야. 중력이 있다는 걸 아는 사람은 많지만, 중력이 왜 생겨나는지 이해하는 사람은 드물듯이 말이야.

진화처럼 바로 깨닫기 어려운 현상에 대해 안 좋게 바라보는 시선들도 있어. 신께서 특별한 존재인 '사람'을 만들었다고 믿는 종교의 가르침에 어긋난다고 여기는 거지. 그런데 말이야, 종교는 과학이 생겨나기 수천 년 전부터 있었어. 사람들이 서로 도우면서 행복을 느끼도록 가르쳤고, 마음이 힘들 때 위안을 줬지. 그런 종교의 가치를 지구를 설명하는 기준으로 따질 수는 없어. 게다가 동물들이 수억 년 동안 진화해서 제각기 다른 종류가 되었다고 해도 이 세상에 특별하지 않은 동물은 없거든. 과학은 숨겨져 있던 사실을 알아내고 설명할 뿐이야.

4장.

코끼리 할머니가 옛날이야기를 해 준다면

코끼리는 정말 똑똑한 동물이야. 지혜로운 할머니 코끼리라면 조카, 손주들에게 전해 줄 이야기를 아주 많이 알고 있을 거야. 어쩌면 먼 옛날 조상님들의 이야기도 기억하지 않을까?

신생대를 맞은 포유류

신생대가 시작되었을 때 단공류, 유대류, 태반류는 대륙에 흩어져 있었어. 그곳에서 제각각 다른 모습으로 진화했지.

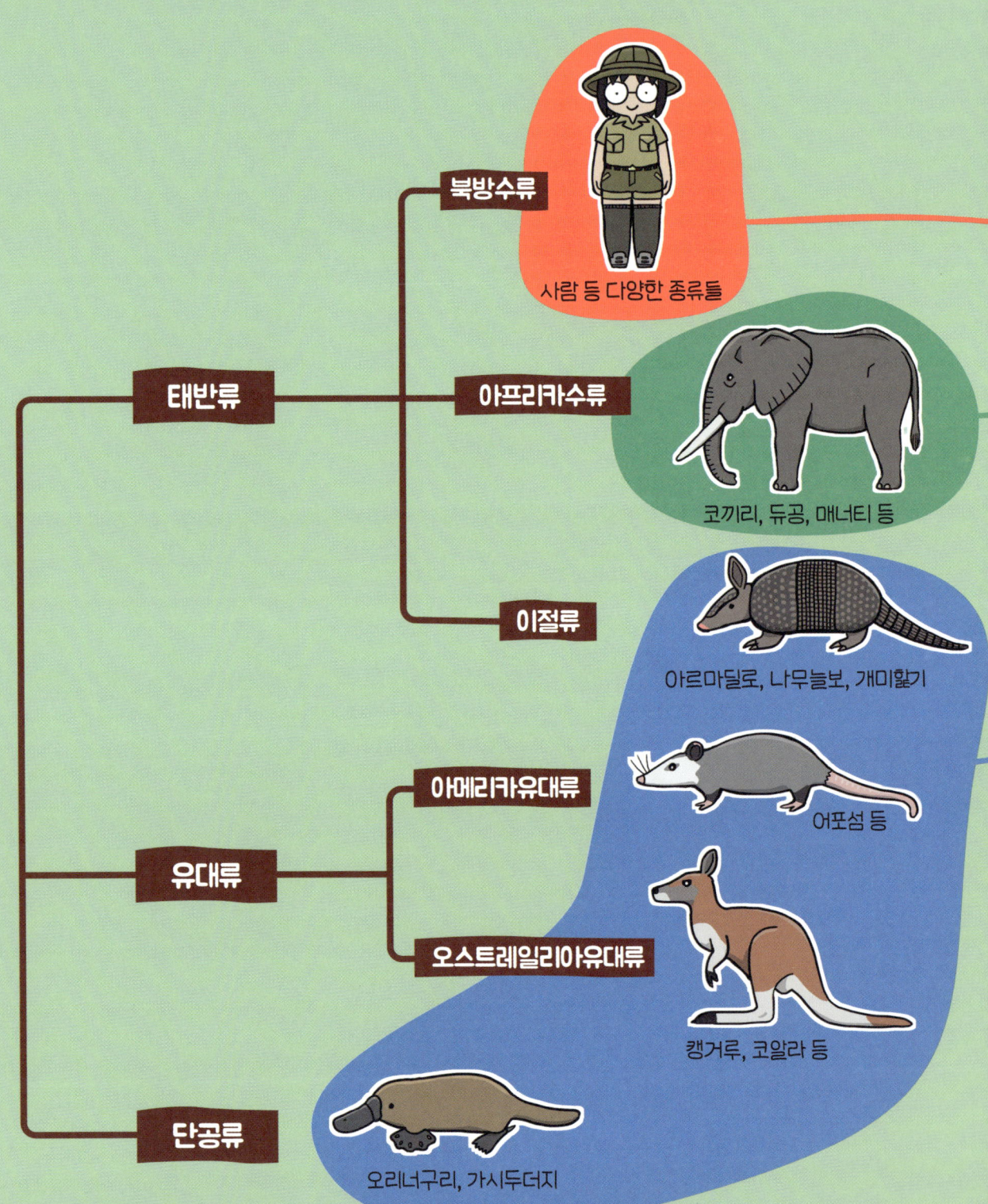

북방수류는 북아메리카, 유럽, 아시아에 널리 퍼져서 진화한 태반류야. 넓은 땅에서 살았던 덕분에 포유류 중에서 특히 다양하게 진화할 수 있었어.

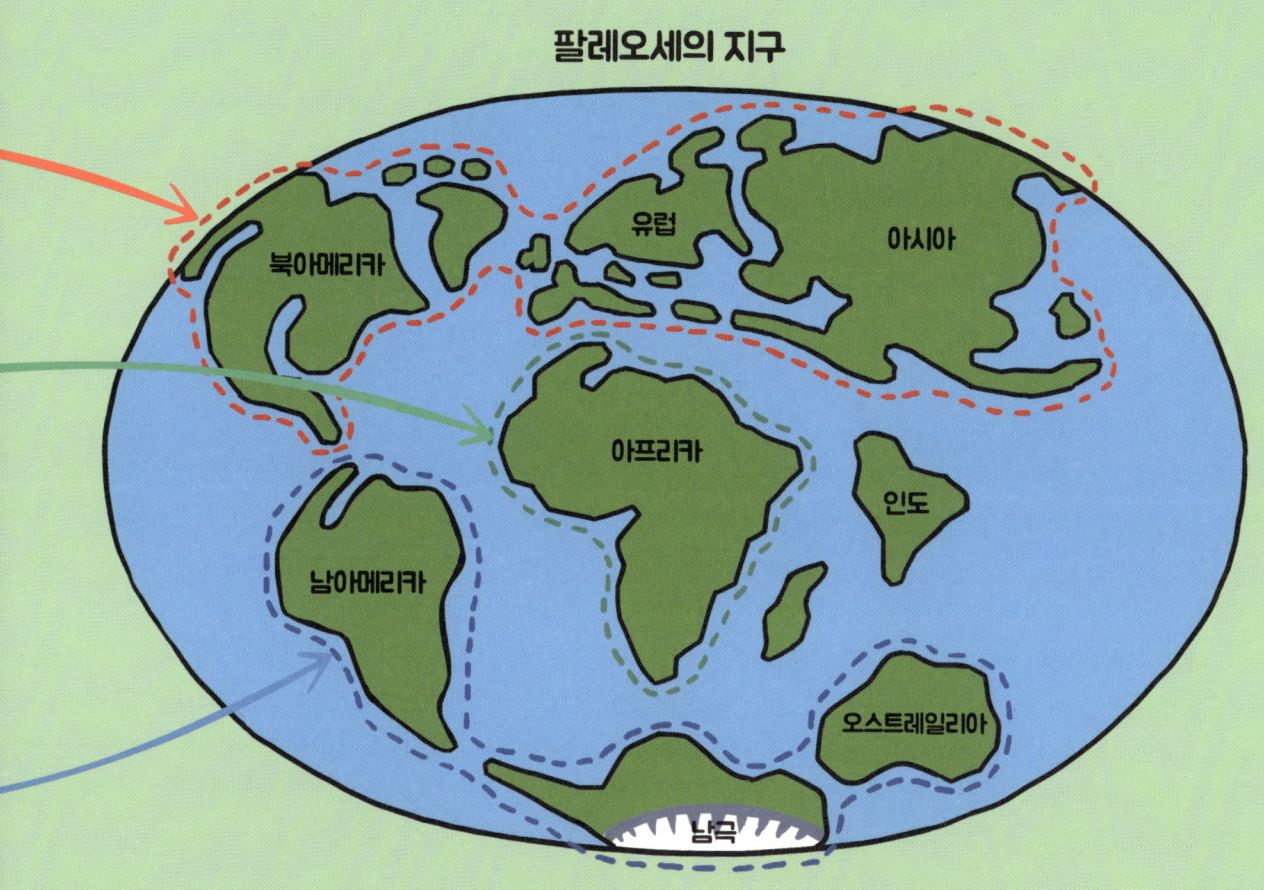

아프리카수류는 이름 그대로 아프리카에서 진화했어. 유대류와 단공류는 남아메리카와 남극, 오스트레일리아에 두루 퍼져 살았지. 이절류는 남아메리카에서 진화했고, 유대류는 대륙에 따라 아메리카유대류와 오스트레일리아유대류 두 부류로 나뉘었어. 단공류는 오스트레일리아와 뉴기니에서만 살아남았어.

북방수류가 얼마나 다양한지 살펴볼까? 북방수류는 아프리카수류의 아주 오래된 이웃이야.

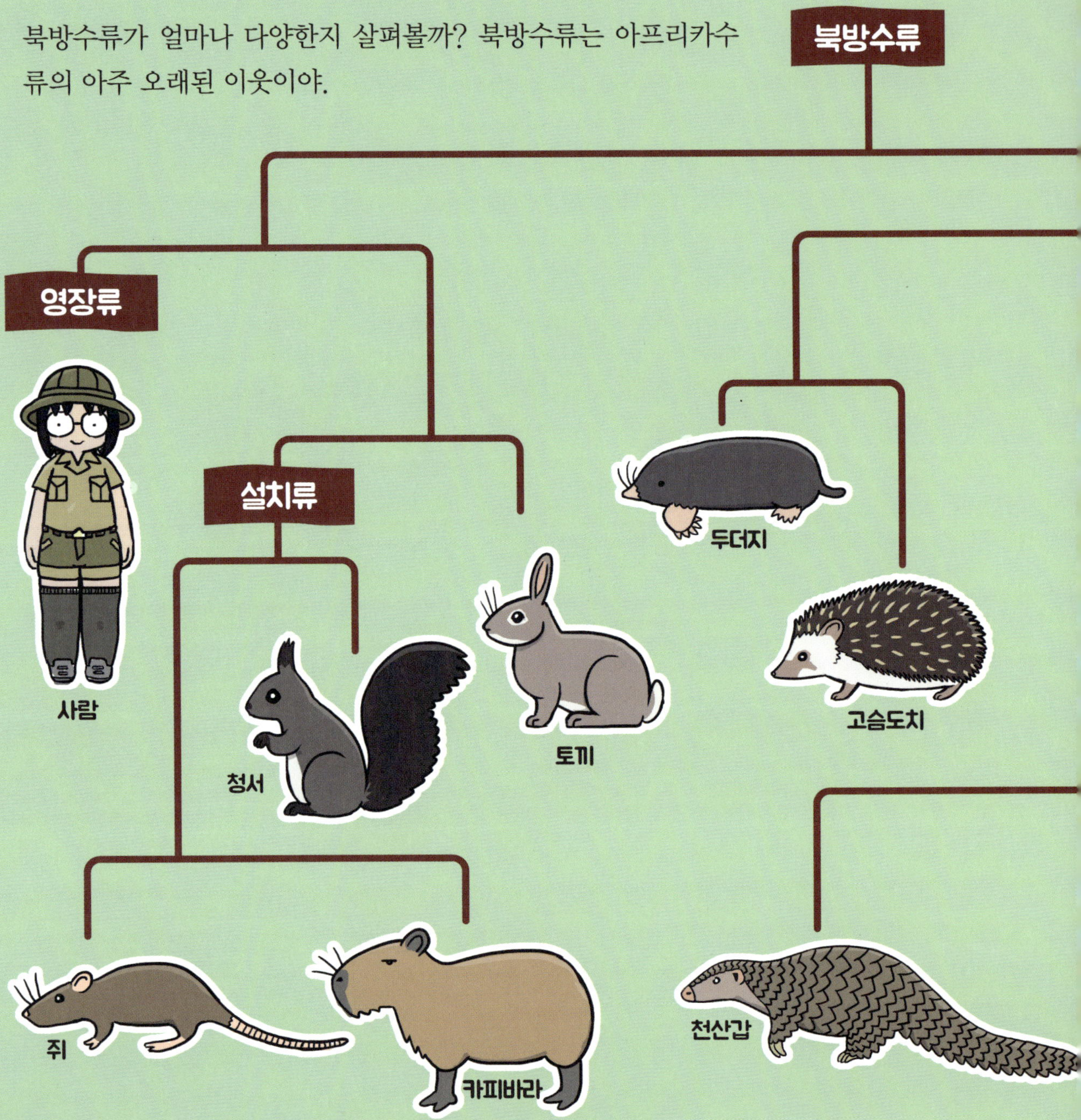

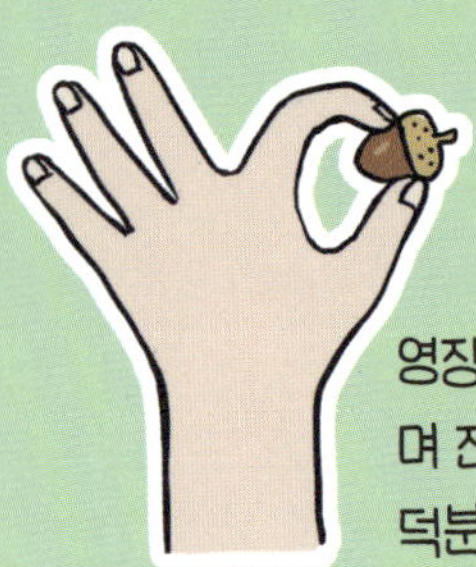

북방수류

영장류
- 사람

설치류
- 청서
- 쥐
- 카피바라

- 토끼
- 두더지
- 고슴도치
- 천산갑

영장류는 나무를 타거나 열매를 따며 진화했어. 앞발이 오늘날 손이 된 덕분에 작은 물건도 잡을 수 있어.

설치류는 오늘날의 포유류 중에서 종의 수가 가장 많아. 단단한 먹이를 갉을 수 있는 앞니가 특징이지.

식육류는 늑대, 호랑이처럼 다른 동물을 잡아먹고 사는 부류야. 뾰족한 송곳니로 고기를 찢어 먹어.

고향은 사라진 바다

이제 아프리카수류를 소개할게. 코끼리나 매너티처럼 몸집이 크고 유명한 종류도 있지만, 몸집이 작고 아프리카의 오지에서만 사는 생소한 종류도 많아.

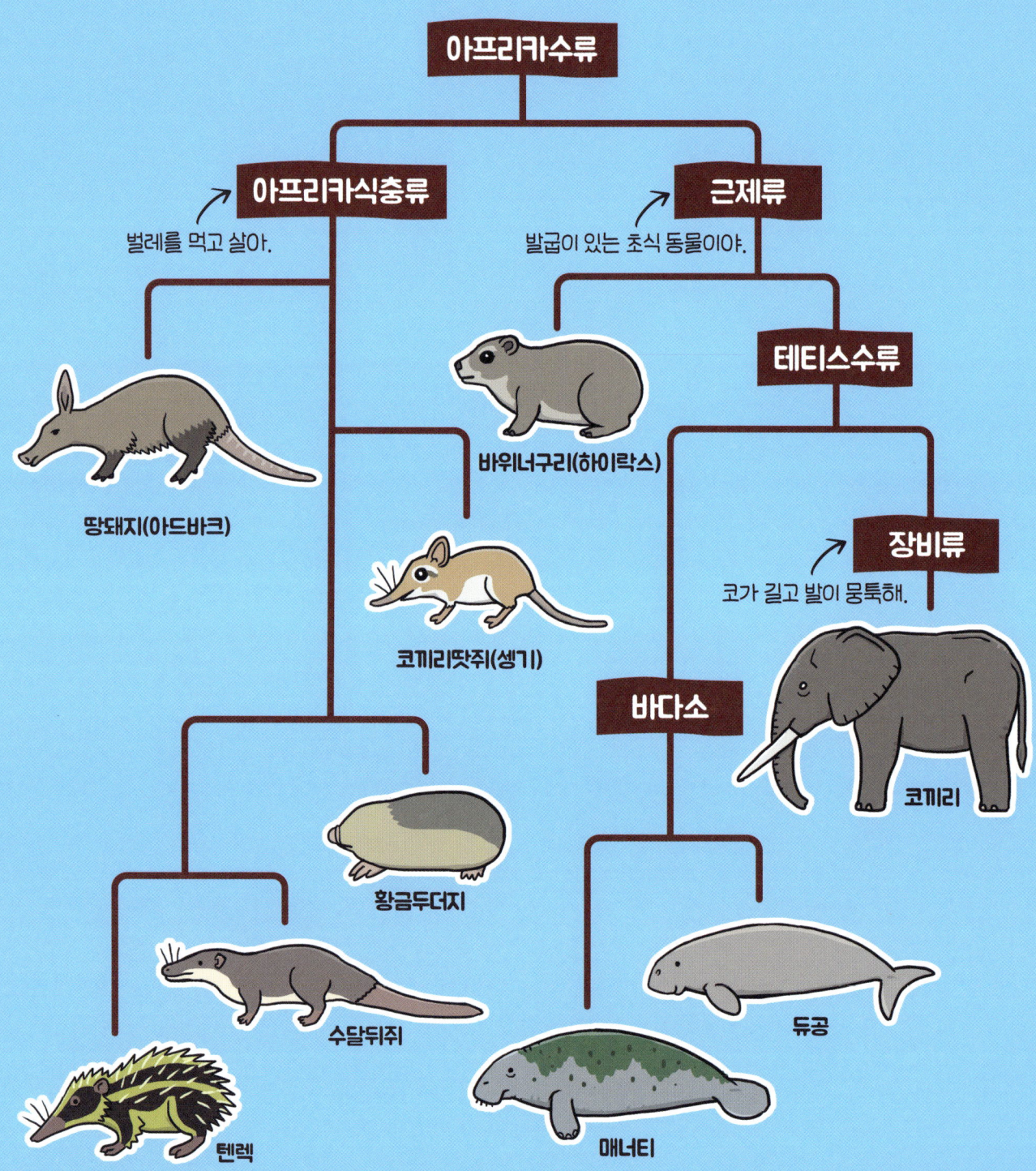

장비류와 바다소, 바위너구리는 서로 가까운 친척이야. 모두 송곳니가 없고 앞니가 크지. 젖꼭지가 겨드랑이에 있다는 점도 닮았어.

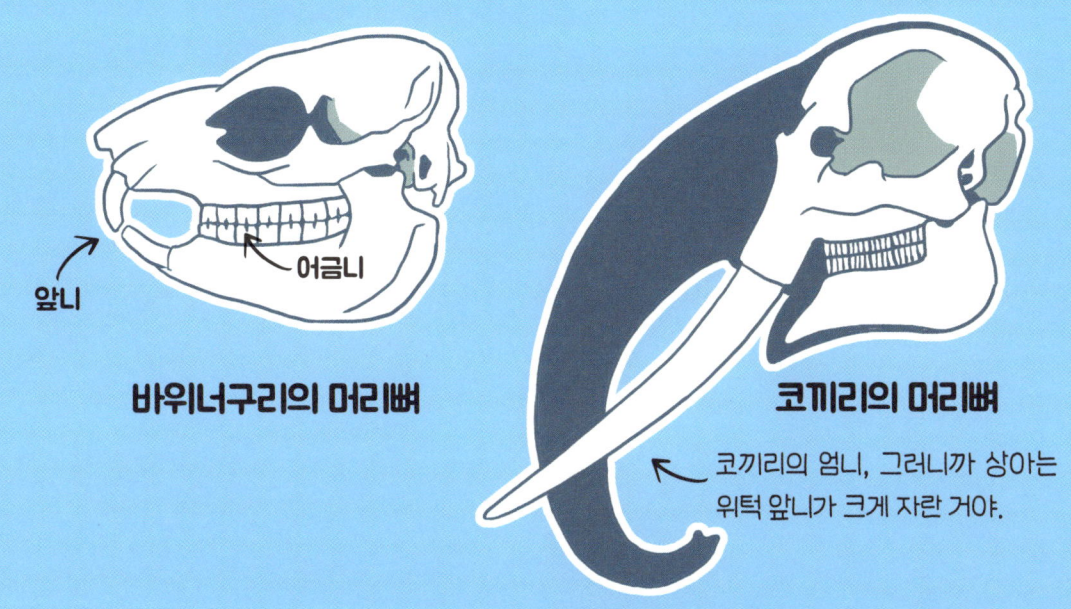

장비류와 바다소는 특히 가까워서 테티스수류에 속해. 판게아가 북쪽 대륙과 남쪽 대륙으로 나뉠 때 그 사이에 생긴 바다가 테티스해야. 오늘날 중동 지역에서 수출하는 석유는 테티스해에서 살았던 생물들의 유해가 변해서 만들어진 거야.

신생대가 시작되자 테티스해를 터전으로 삼아 독특하게 진화한 포유류들이 있었어. 최초의 장비류도 그런 종류 중 하나였지. 그리고 가장 거대한 포유류 부류도 테티스해에서 등장했어.

모이리테리움 *Moeritherium*
에오세 | 이집트, 알제리 | 몸높이 약 70센티미터

초창기 장비류야. 윗입술과 붙게 된 코로 수면 위의 공기를 들이마셨어.

발바닥이 펑퍼짐해서 갯벌이나 모래톱에서 걸어 다녀도 발이 푹푹 빠지지 않았어.

도루돈 *Dorudon*

에오세 | 이집트, 미국 사우스캐롤라이나 | 몸길이 약 5미터

북방수류인 고래도 테티스해에서 진화했어. 고래는 진화하면서 다리가 사라졌는데 도루돈은 뒷다리가 남아 있어. 생김새는 오늘날 고래와 상당히 비슷하지.

페조시렌 *Pezosiren*

에오세 | 자메이카 | 몸길이 약 2.1미터

바다소의 조상뻘인 동물이야. 네 개의 다리로 뭍에서 걸을 수 있었어. 물론 헤엄도 잘 쳤지.

작은 동물이 뗏목을 타고 바다를 건너는 일은 꽤 자주 일어나. 영장류와 설치류는 이런 방식으로 널리 이동한 포유류야.

에오세에는 남아메리카와 아프리카가 서로 가까웠어. 그래서 유럽과 아시아에서 아프리카로 건너온 동물들이 한 번 더 바다를 건너 남아메리카까지 갈 수 있었어.

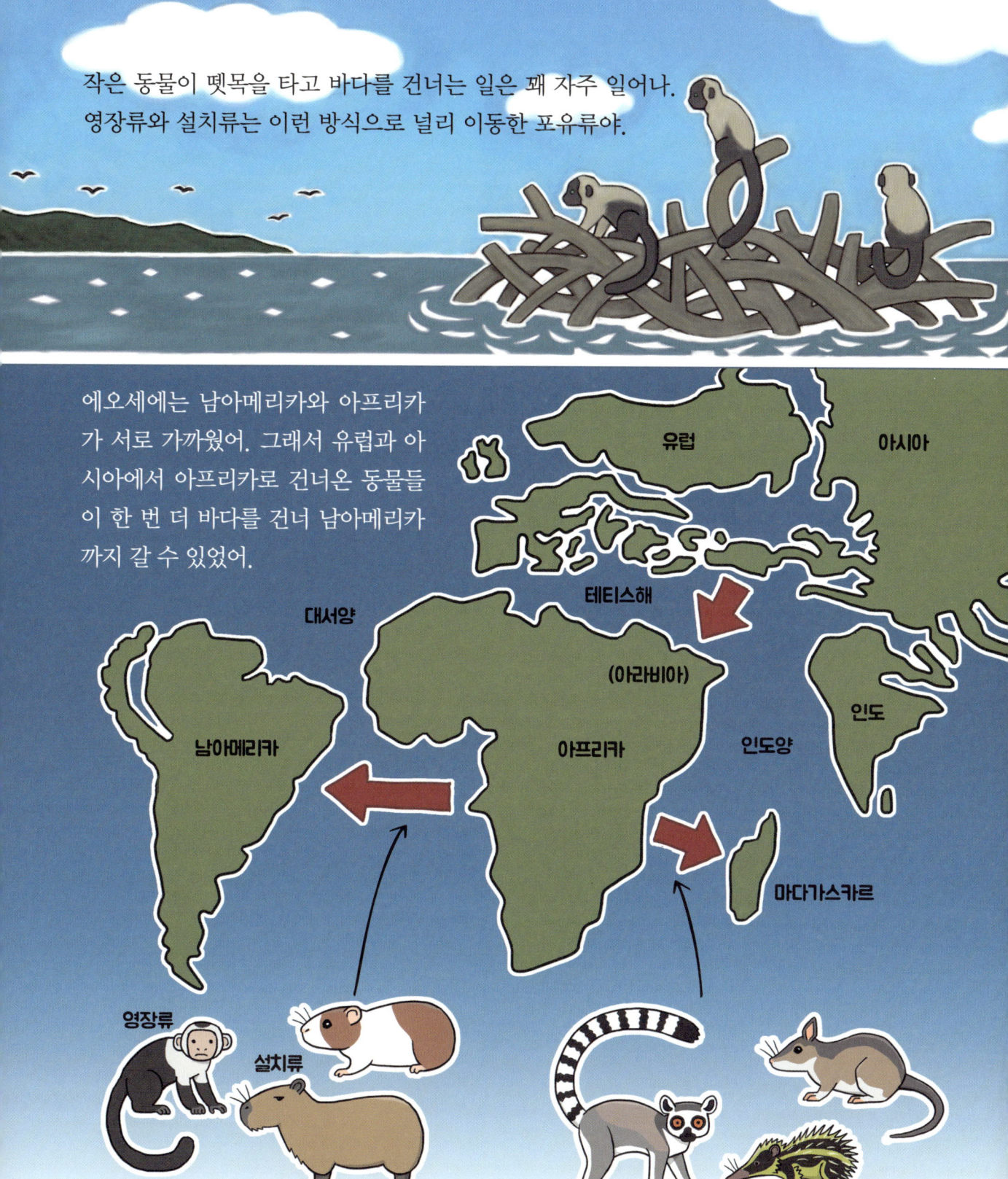

남아메리카에 도착한 영장류와 설치류는 밀림의 원숭이나 카피바라, 기니피그의 조상이 됐지.

영장류와 설치류는 마다가스카르에도 살게 됐어. 텐렉도 뗏목을 타고 마다가스카르로 왔지.

사바나가 펼쳐지다

장비류가 아프리카에서만 살던 시절에 북반구 대륙들에서는 기제류가 두드러졌어. 하지만 지구가 서서히 서늘해지고 숲이 줄어들자 다양한 동물들이 사라졌어. 기제류는 오늘날 말 종류와 코뿔소, 그리고 테이퍼만 남게 됐지.

엠볼로테리움 *Embolotherium*
에오세 | 몽골, 중국 네이멍구 | 몸높이 최대 2.5미터

코뿔소처럼 생겼지만 말과 더 가까운 기제류야. 콧등의 뿔은 뼈가 길게 자란 거야. 뿔 속은 비어 있어서 콧소리를 내면 크게 울려 퍼져서 동족들과 신호를 주고받았을 거야.

테이퍼
아시아와 아메리카의 열대 밀림에 사는 초식 동물이야.

프로팔라이오테리움 *Propaleotherium*
에오세 | 유럽 여러 지역 | 몸높이 약 40센티미터

에오세의 기제류는 대체로 이렇게 앙증맞았어.

파라케라테리움 *Paraceratherium*

올리고세 | 유라시아 여러 지역 | 몸높이 최대 4.8미터

뿔은 없지만 코뿔소와 가까운 기제류야. 이제껏 육지에 살았던 단궁류 중에서 가장 키가 커.

오늘날 코끼리의 몸길이는 3미터 남짓하지만, 옛날에는 4미터 가까이 자라기도 했고, 더 작은 종들도 있었어.

화본류는 올리고세부터 번성하게 된 풀 종류야. 열대지방에 나무 대신 화본류가 무성하게 자라면서 사바나가 펼쳐졌지. 벼, 보리, 잔디, 대나무도 화본류야.

부스스한 이삭과 뾰족한 잎, 빳빳한 줄기가 화본류의 특징이야. 흔하지만 정말 대단한 식물이지.

화본류는 바람이 불면 저절로 꽃가루가 옮겨 지는데, 줄기부터 잎과 뿌리를 내는 방식으로 늘어나서 땅을 뒤덮어.

땅에서 빨아들인 모래 성분으로 잎과 줄기를 단단하게 만들어서 쉽사리 꺾이지도 않아.

초원은 동물들의 새로운 터전이 됐어. 장비류 중에서 화본류를 먹고사는 데 적응한 부류가 나타났어. 코끼리의 조상인 엘레판티모르프의 어금니는 아주 큰 데다 터울을 두고 자라. 새로운 어금니가 오래된 어금니를 밀어내고 그 자리를 대신 맡지. 덕분에 마지막 어금니가 닳아 없어질 때까지 억센 먹이를 먹으면서도 오래 살 수 있어.

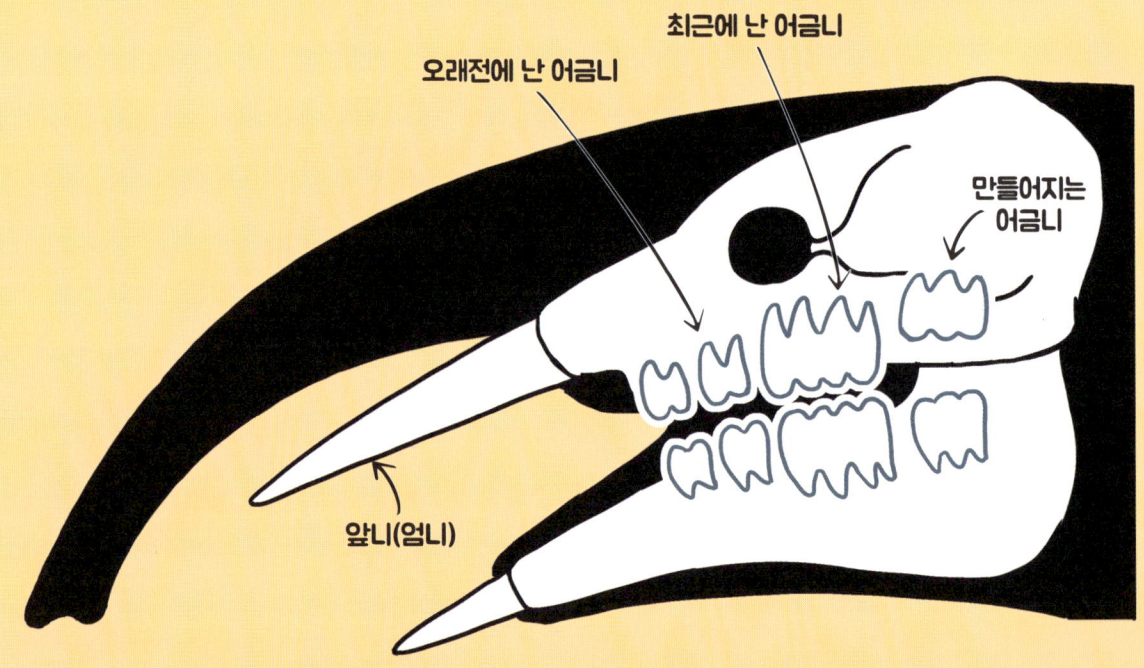

코끼리는 엘레판티모르프 중에서도 특히나 화본류에 잘 적응한 부류야. 어금니 모양도 바뀌었지.

엘레판티모르프들의 어금니는 울룩불룩했지만, 코끼리는 어금니 꼭대기 부분이 움푹 파였어.

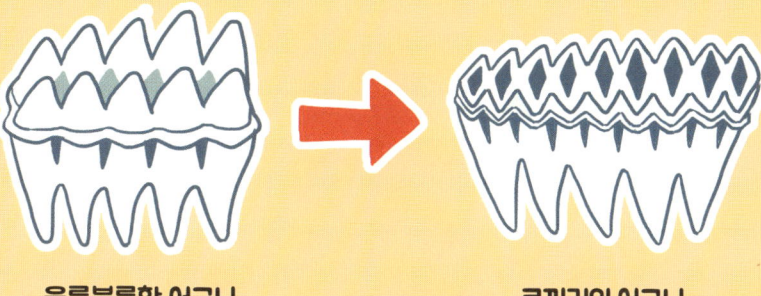

울룩불룩한 어금니 → 코끼리의 어금니

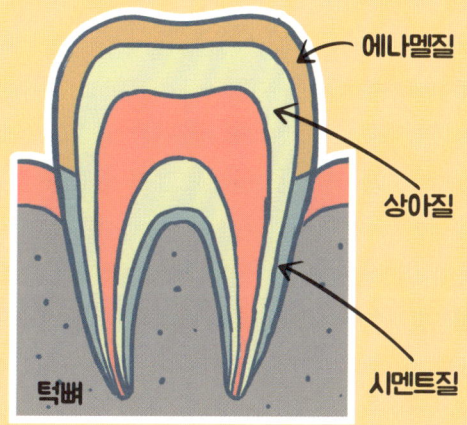

사람의 치아
치아의 딱딱한 부분은 에나멜질, 상아질, 시멘트질 세 가지 성분으로 되어 있어.

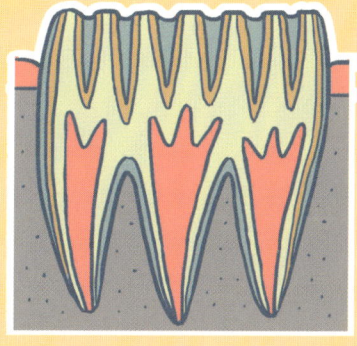

코끼리의 어금니
화본류가 주식인 포유류들의 어금니는 꼭대기 부분이 에나멜질로 덮여 있지 않고, 안쪽에 시멘트질이 채워져 있어. 상아질과 시멘트질이 에나멜질보다 더 빨리 닳기 때문에 에나멜질로 된 부분이 뾰족하게 도드라진 채 유지되고, 풀잎을 짓이기는 날 구실을 해.

코끼리의 엄니
엄니는 앞니가 발달한 거야. 장비류의 엄니는 거의 다 상아질로 되어 있고, 평생 자라나.

마이오세에 아라비아가 수면 위로 떠오르자 장비류는 비로소 아프리카 밖으로 걸어 나갈 수 있게 됐어. 그리고 사바나를 누비며 북반구 대륙에서 진화한 새로운 동물들과 어울리게 됐지.

곰포테리움 *Gomphotherium*
마이오세~플라이스토세 | 아프리카와 북반구 여러 지역 | 몸높이 약 3미터

매우 오랜 세월 동안 번성한 엘레판티모르프야.
아래턱에도 엄니가 있었어.

가젤 *Gazella*
마이오세~ | 아프리카와 유라시아 여러 지역 | 몸높이 최대 1미터

뿔이 화려하고 초원에 아주 잘 적응한 초식 동물이야.
천적이 나타나면 빠른 속도로 도망칠 수 있어.

디노히푸스 *Dinohippus*
마이오세~플라이오세 | 북아메리카 여러 지역 | 몸높이 약 1.5미터

말과 당나귀의 조상인 기제류야. 초원에서 천적들을 피해서 빠르게 달리도록 진화했어.

스트루티오는 날 수는 없지만 빠르게 달릴 수 있어서 맹수가 많은 유라시아와 아프리카 대륙에서 살아올 수 있었어.

히아이나일로우로스 *Hyainailouros*
마이오세 | 아프리카, 유럽, 이란 | 몸길이 최대 3미터(꼬리 제외)

에오세가 끝날 무렵에 북반구 대륙에서는 히아이노돈트 부류가 가장 크고 무서운 육식 동물이었어. 몸집도 크고 어금니가 다른 동물들 보다 더 날카로웠지만 숲이 줄어들고 초원이 넓어지면서 결국 멸종했어.

장비류로 가득한 세상

오늘날과 달리 마이오세에서 플라이스토세까지는 정말 다양한 장비류가 세계 곳곳에서 살았어.

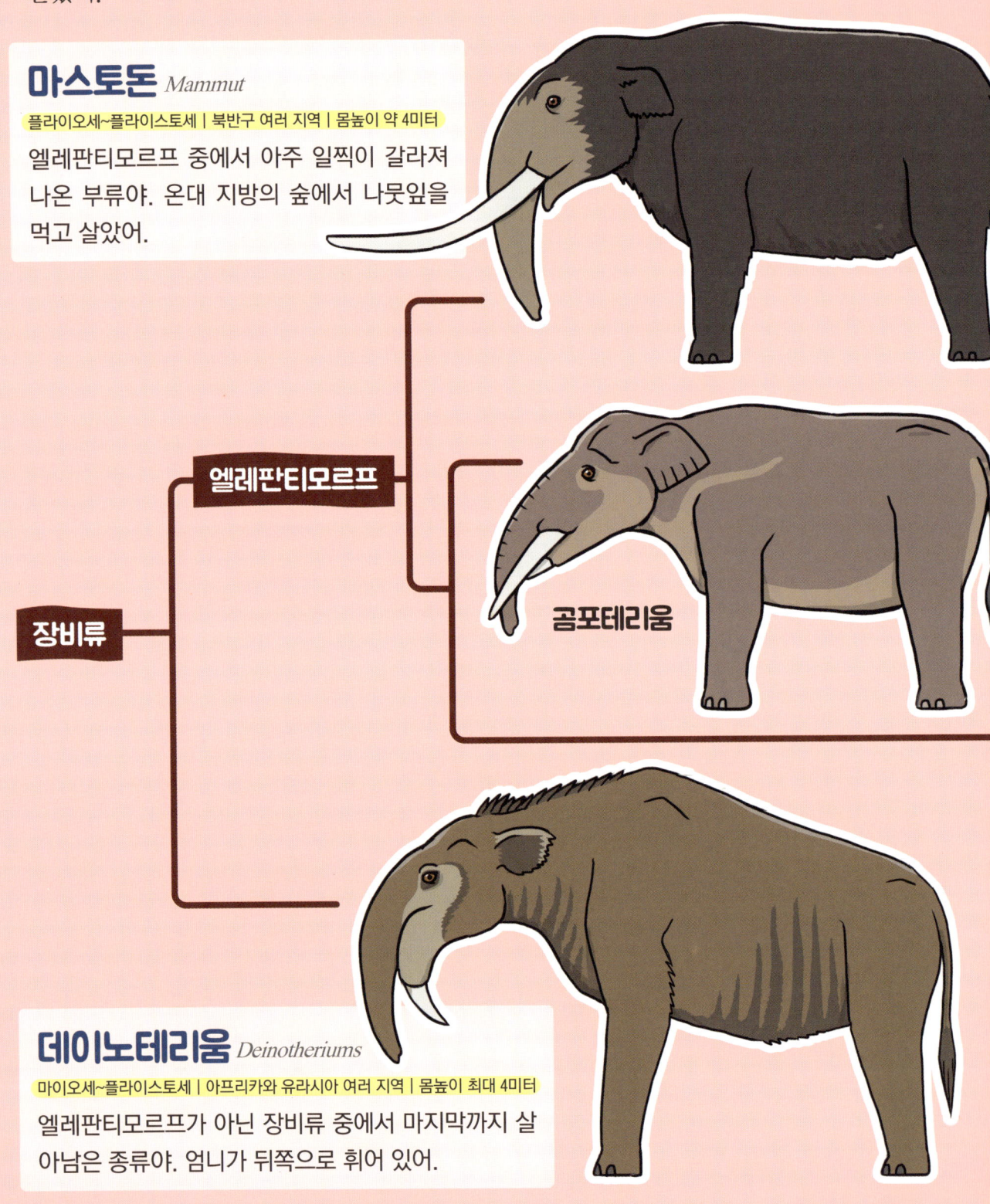

마스토돈 *Mammut*
플라이오세~플라이스토세 | 북반구 여러 지역 | 몸높이 약 4미터

엘레판티모르프 중에서 아주 일찍이 갈라져 나온 부류야. 온대 지방의 숲에서 나뭇잎을 먹고 살았어.

엘레판티모르프

장비류

곰포테리움

데이노테리움 *Deinotheriums*
마이오세~플라이스토세 | 아프리카와 유라시아 여러 지역 | 몸높이 최대 4미터

엘레판티모르프가 아닌 장비류 중에서 마지막까지 살아남은 종류야. 엄니가 뒤쪽으로 휘어 있어.

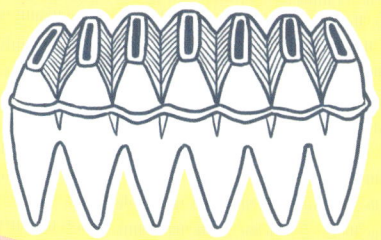

기왓장이 늘어선 것 같은 어금니 모양 때문에 이름에 '지붕 이빨'이라는 뜻이 있어.

스테고돈 *Stegodon*
마이오세~플라이스토세 | 아프리카와 아시아 여러 지역 | 몸높이 최대 3.9미터

곰포테리움과의 장비류야. 적도 주변의 열대 밀림에서 살았어. 엄니가 아주 길고 우람하게 자랐어.

코끼리

플라티벨로돈 *Platybelodon*
마이오세 | 아프리카와 유라시아 여러 지역 | 몸높이 약 2.8미터

길게 뻗은 아래턱에 넓적한 엄니가 있었어. 이 엄니로 나무의 껍질을 벗기거나 땅에서 캐낸 뿌리를 먹고 살았어.

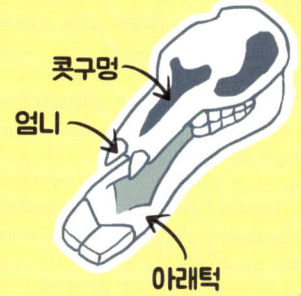

머리뼈가 이렇게 생겼어.
콧구멍 / 엄니 / 아래턱

마이오세가 끝나 갈 무렵 아프리카에서 코끼리가 나타났고, 플라이오세에 여러 종류로 진화하면서 유라시아로 퍼져 나갔어. 플라이스토세가 끝날 때까지 네 종류의 코끼리가 제각기 다른 지역에서 살아갔지.

코끼리

록소돈타 *Loxodonta*
아프리카에서 계속 살아온 코끼리야. 오늘날 사바나와 사막에 사는 '아프리카코끼리'와 밀림에서 사는 '둥근귀코끼리' 두 종만 남았지. 이마가 평평하고 귓바퀴가 큼직해.

엘레파스 *Elephas*
아시아에는 열대지역에 사는 '아시아코끼리' 한 종만 남았어. 아시아코끼리는 엄니가 없는 경우가 많아.

팔라이올록소돈 *Palaeoloxodon*
튀어나온 머리통과 곧게 뻗은 엄니가 도드라지는 종류야. 온대 숲에서 살았어.

매머드 *Mammuthus*

'맘모스'라고도 불려. 겨울에는 길고 구부러진 엄니로 눈을 파헤쳐서 먹잇감인 풀과 나뭇잎을 찾아냈어.

코끼리들이 살아온 지역

팔라이올록소돈
유라시아의 온대 지역에 널리 퍼졌어.

매머드
추위에 잘 적응한 덕분에 북극을 거쳐서 북아메리카까지 건너갔어.

록소돈타

엘레파스
지금은 인도와 그 주변 지역, 그리고 동남아시아에만 살고 있지만, 수천 년 전만 해도 중동의 온대 숲이나 중국 남부에서도 살았어.

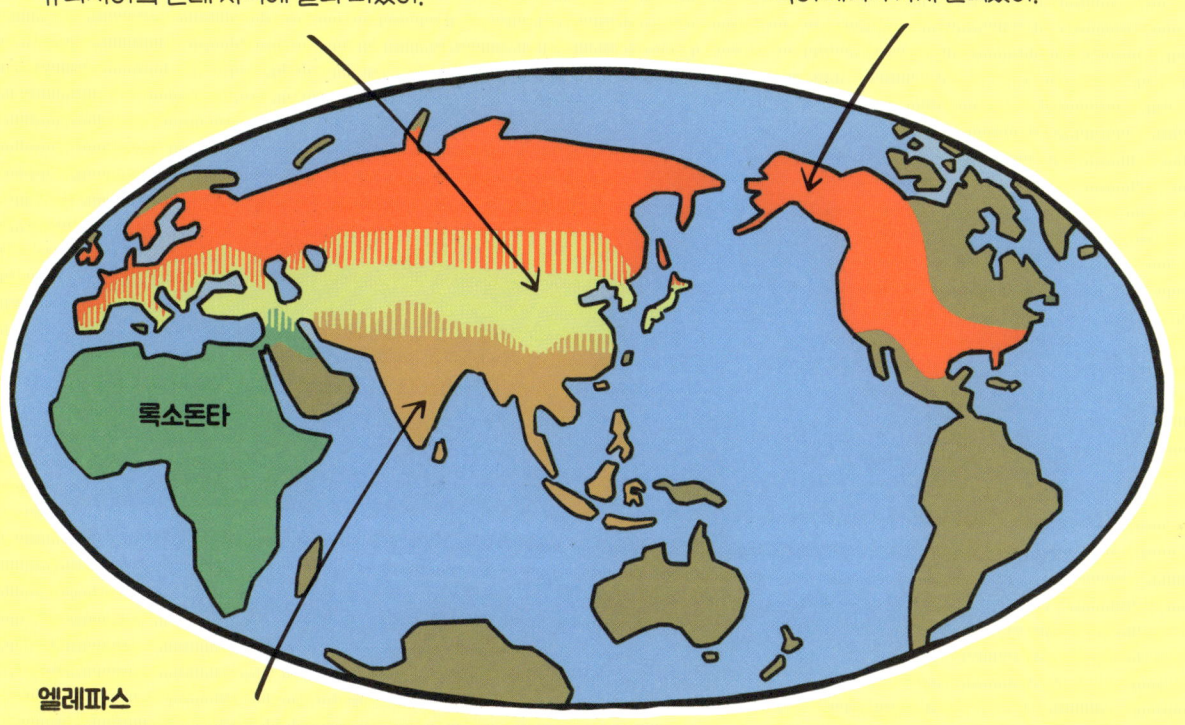

지금도 시베리아에서는 이따금 매머드 유해가 발굴되고 있어. 시베리아 원주민들은 이 유해를 보고 지하에서 지진을 일으키던 큰 쥐가 땅 위로 올라와서 햇빛을 보고 죽은 거라고 생각했어.

시칠리아 섬과 몰타 섬에서 살며 몸집이 작아진 팔라이올록소돈들이 시칠리아난쟁이코끼리야.

플라이스토세에 스테고돈은 인도네시아의 플로레스 섬에 갇혀 젖소만 한 크기로 작아졌고, 코모도왕도마뱀에게 쫓기는 사냥감이 됐어.

130

미국 캘리포니아의 로스앤젤레스에는 천연 아스팔트가 샘솟아 만들어진 타르 웅덩이가 많은데, 매머드와 마스토돈을 비롯한 온갖 동물들이 이 웅덩이에 빠져서 죽고 말았어. 그 덕분에 오늘날까지 잘 보존된 동물 뼈대가 아주 많이 발견되었지.

시베리아 북쪽에 있는 브랑겔 섬은 매머드의 마지막 터전이야.

캘리포니아 앞바다에는 '채널 제도'라는 작은 섬들이 있어. 매머드들이 이곳에 살게 되면서 몸높이는 2미터 정도로 아담해졌어.

인도네시아와 뉴기니, 오스트레일리아 사이에는 바다가 아주 깊은 구간이 있어. 장비류는 이곳을 건너지 못했어.

플라이오세가 끝날 무렵에 북아메리카와 남아메리카가 수천만 년 만에 연결되면서 많은 동물이 두 대륙을 넘나들 수 있게 됐어.

플라이스토세의 시련

플라이스토세에는 '빙하시대'야. 북반구가 갑자기 얼음으로 뒤덮였지. 하지만 빙하가 녹아서 북극에 숲과 초원이 생겨난 적도 있었어. 250만 년 동안 기후가 오락가락했던 이유는 무엇일까?

햇볕은 기후에 큰 영향을 미치는데, 지구가 태양 주위를 도는 공전궤도가 늘 같지는 않다 보니, 지구가 쬐는 햇볕의 양은 늘 변했지. 이런 변화는 수만 년마다 일어났어. 이게 기후 변화의 이유 중 하나야.

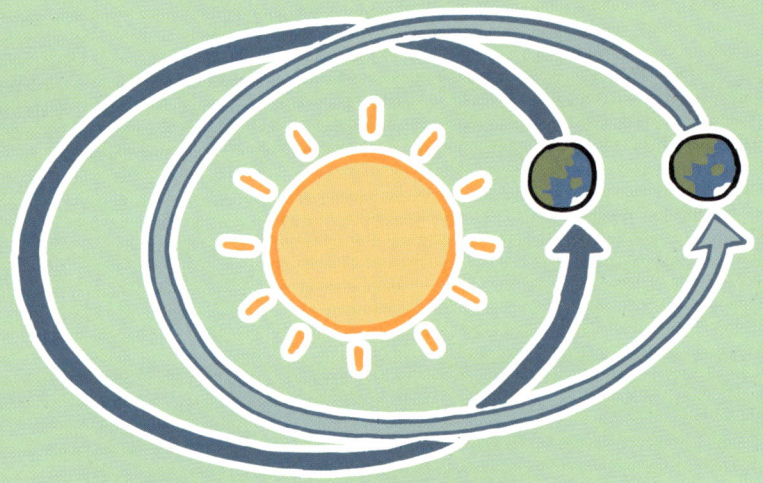

지구는 자전을 하는데, 지구가 많이 기울수록 극지방에서 받는 햇볕의 양이 달라져. 북극에 빙하가 덮인 상태에서 여름에 받는 햇볕이 줄면 빙하는 녹지 않고 점점 커져.

얼음이 녹지 않고 계속 쌓이면 빙하가 돼. 빙하는 햇볕을 반사하기 때문에 그 주변이 쌀쌀해져. 그렇게 빙하가 점점 넓어져 육지를 뒤덮으면서 남극이 얼어붙기 시작했고, 수천만 년이 지난 후 북극에도 빙하가 생겼어.

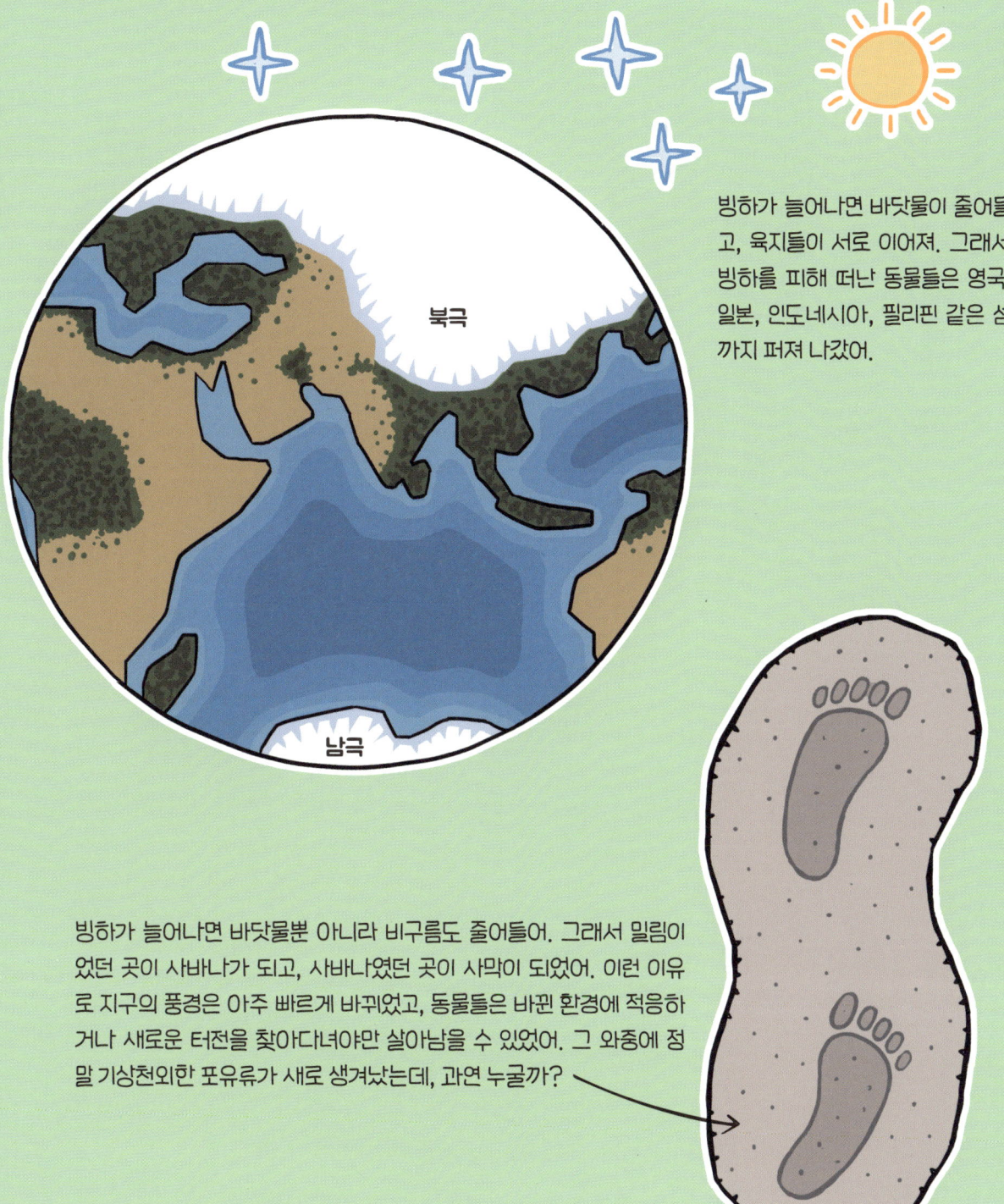

빙하가 늘어나면 바닷물이 줄어들고, 육지들이 서로 이어져. 그래서 빙하를 피해 떠난 동물들은 영국, 일본, 인도네시아, 필리핀 같은 섬까지 퍼져 나갔어.

빙하가 늘어나면 바닷물뿐 아니라 비구름도 줄어들어. 그래서 밀림이었던 곳이 사바나가 되고, 사바나였던 곳이 사막이 되었어. 이런 이유로 지구의 풍경은 아주 빠르게 바뀌었고, 동물들은 바뀐 환경에 적응하거나 새로운 터전을 찾아다녀야만 살아남을 수 있었어. 그 와중에 정말 기상천외한 포유류가 새로 생겨났는데, 과연 누굴까?

플라이스토세는 사람에게 의미가 큰 시대야. 이 시대를 거치면서 영장류 조상들이 오늘날 우리와 같은 모습으로 변했거든.

오스트랄로피테쿠스 *Australopithecus*
플라이오세~플라이스토세 | 아프리카 여러 지역 | 키 최대 1.5미터

밀림이 사라지면서 사바나에서 살게 된 사람의 조상이야. 걸어 다닐 수 있었고 나뭇잎을 찾아서 먹었어.

사람의 조상이 다른 원숭이들과 본격적으로 달라지기 시작한 부위가 바로 '발'이야.

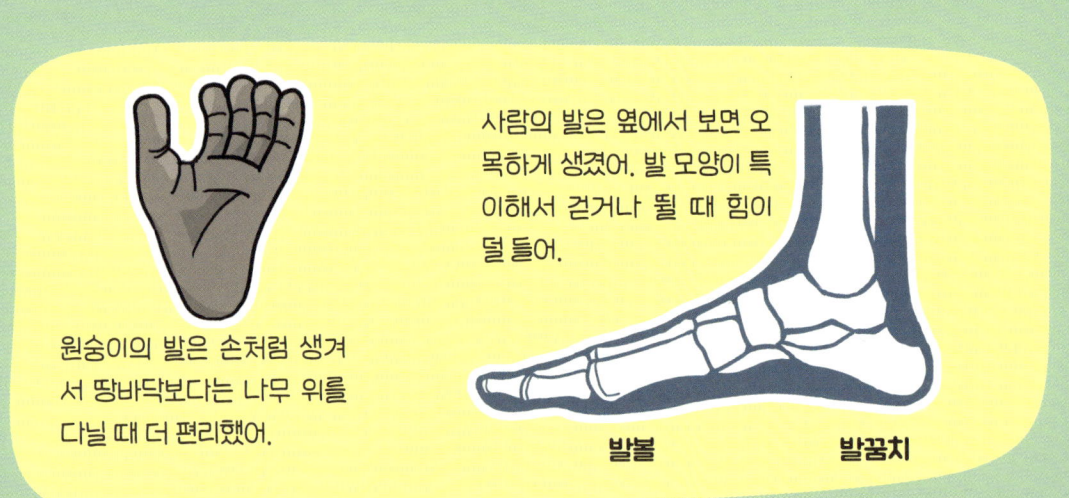

원숭이의 발은 손처럼 생겨서 땅바닥보다는 나무 위를 다닐 때 더 편리했어.

사람의 발은 옆에서 보면 오목하게 생겼어. 발 모양이 특이해서 걷거나 뛸 때 힘이 덜 들어.

발볼　　　**발꿈치**

오스트랄로피테쿠스는 온갖 육식 동물에게 사냥당하는 처지였어. 하지만 오늘날 사람은 다른 동물들이 두려워하는 존재가 되었지.

사람 *Homo sapiens*
플라이스토세~ | 세계 여러 지역

무더운 대낮에도 땀을 뻘뻘 흘리며 돌아다닐 수 있었어. 오래 걸을 수 있을 뿐만 아니라 잘 뛰기도 해. 게다가 손으로 돌이나 창을 집어 던질 수도 있어.

사람은 불을 피워 음식을 요리해 먹었어. 덕분에 영양분을 많이 섭취하면서 키가 커졌어.

사람에게도 플라이스토세의 환경 변화는 가혹한 시련이었어. 사바나가 사막이 되자 사람의 수가 크게 줄어 2만여 명만 남게 됐어. 그때 살아남은 사람들이 지구 곳곳으로 퍼져서 오늘날 사람들의 조상이 됐어.

사람은 걷거나 뗏목을 타고 세계 곳곳으로 퍼져 나갔어. 그리고 온갖 동물들을 유심히 살펴보고 동굴 벽에 그 모습을 남겨 놨지.

매머드
개성 있는 외모로 존재감이 강했어. 사람들은 매머드의 엄니를 깎아서 조각상을 만들기도 했어.

에쿠스 *Equus*
플라이오세~ | 세계 여러 지역 | 몸높이 약 1.2~1.6미터
디노히푸스의 후손이야. 플라이스토세에 여러 종이 살았지만 지금은 말과 당나귀, 얼룩말을 제외하면 거의 다 멸종했어.

메갈로케로스 *Megaloceros*
플라이스토세 | 유라시아 여러 지역 | 몸높이 약 2미터

몸집도 크고 뿔도 컸던 사슴이야. 수컷은 암컷과 짝짓기할 기회를 얻기 위해 매년 뿔을 새로 만들어.

↙ 수컷   ↘ 암컷

판테라 스펠라이아 *Panthera spelaea*
플라이스토세 | 북반구 여러 지역 | 몸높이 약 1.2미터

마이오세가 끝날 무렵에 나타나 세계 곳곳의 다양한 환경에 적응했어. 오늘날에도 사자, 호랑이, 표범, 재규어 등이 남아 있지.

코일로돈타 *Coelodonta*
플라이오세~플라이스토세 | 유라시아 여러 지역 | 몸높이 약 2미터

초원에서 화본류를 먹으며 살았던 코뿔소야. 칼처럼 생긴 크고 넓적한 뿔은 겨울에 눈을 파헤치고 먹이를 찾을 때 사용했어.

*여기 그려진 동물들의 무늬는 플라이스토세 그림들을 참고한 거야.

사람이 만들어 낸 세상

사람이 세계 곳곳으로 퍼져나가고 기후가 몇 번씩 바뀐 뒤에 플라이스토세가 끝났어. 홀로세가 시작되면서 사람이 문명을 일구기 시작했고 매머드를 비롯한 큰 동물들은 사라졌어. 이 현상을 '플라이스토세 말 대동물 멸종'이라고 해. 메갈로케로스, 코일로돈타, 장비류 등 거대한 동물들과 함께 사람과 아주 가까운 친척인 네안데르탈인도 멸종했어.

플라이스토세가 끝나며 사라진 동물들

사람 때문에 거대 동물들이 사라졌다고 생각하는 과학자들이 있어. 사람이 동물들을 사냥하고 마을을 만들면서 멸종이 일어났다고 말이야. 그 예로 모아를 들 수 있어. 14세기부터 뉴질랜드에서 마오리족이 살게 됐는데, 그로부터 불과 백 년 만에 모아가 멸종하고 말았지.

사람은 온갖 것들을 발명하면서 세상을 변화시켰어. 플라이스토세 사람들은 매머드 엄니를 이용해서 머리는 판테라, 몸은 사람인 조각상을 만들기도 했어.

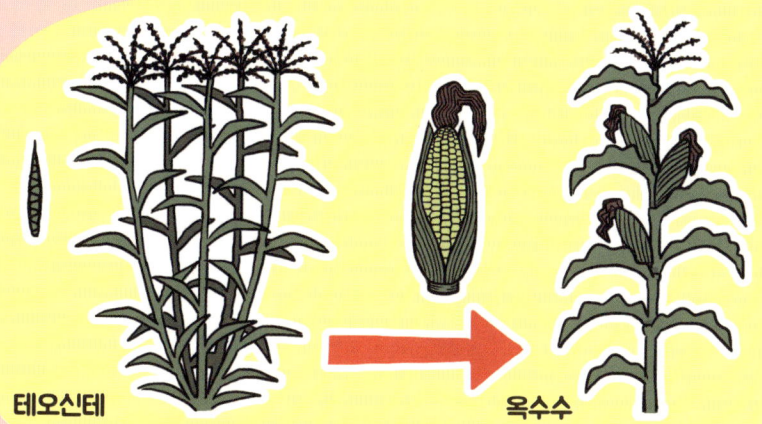

테오신테 → **옥수수**

사람은 의도치 않게 새로운 종을 만들어 내기도 했어. '테오신테'는 키가 크고 씨앗이 굵다는 점 외에는 지극히 평범한 화본류였지만, 사람이 기르게 되면서 '옥수수'라는 아주 새로운 식물이 되었지.

홀로세에 나타난 동물들

홀로세에 사람은 가축도 길렀어. 고기를 먹거나 일을 시키기 위해 기르는 가축이 많았지만, 옷감을 얻기 위해 누에나방을 기르거나 예쁜 모습을 보기 위해 금붕어를 기르는 경우도 있었어.

139

사람이 바꿔 놓은 세상에서 코끼리는 예전처럼 살아갈 수 없게 됐어. 사람은 숲을 해치고 코끼리를 죽이거나 산 채로 잡아가기까지 했어. 그렇게 중국과 중동에서는 야생 코끼리가 점점 사라져 갔지.

홀로세에 사람들은 국가를 이루어 살게 됐고, 코끼리는 전쟁터에서 직접 싸우거나 건물을 짓기 위해 무거운 짐을 날라야만 했어. 사람들은 지금도 코끼리한테 일을 시키거나, 서커스 같은 공연에서 구경거리로 이용하고 있어.

상아를 일으려고 코끼리를 죽이는 일도 계속 문제가 되고 있어. 코끼리를 보호하기 위해 상아를 사고파는 것을 금지시켰지만, 법을 어기는 사람이 많아. 코끼리는 영리하고 섬세한 동물이어서 가족이나 이웃이 죽으면 슬픔을 느껴. 살아남은 코끼리들은 평생 마음에 상처를 품고 살아가면서 때로는 다른 동물들한테 난폭하게 굴며 행패를 부리기도 해. 늙은 코끼리가 죽으면 다른 코끼리들에게 전해 주지 못한 지혜들은 사라지게 돼. 그렇게 코끼리 사회는 점점 무너지지.

오늘날 남은 코끼리 세 종은 약 50만 마리로 모두 멸종 위기에 처해 있어. 그래도 다행히 많은 사람이 코끼리를 비롯한 다른 동물들의 미래를 걱정하고 있어. 사람은 오랫동안 세상을 많이 바꿔 왔으니까 우리가 조금만 더 노력한다면 멸종 위기에 놓인 동물들을 더 잘 살필 수 있을지도 몰라.

우리는 지금까지 캄브리아기를 시작으로 5억여 년이 어떻게 흘러 왔는지 살펴봤어. 긴 세월처럼 보이지만, 45억여 년을 살아온 지구에 비하면 아주 짧은 시간이지. 앞으로 대멸종이 몇 번 더 일어난다고 해도 지구는 계속 북적거릴 거야. 환경이 어떻게 변할지, 어떤 생물이 나타나고 사람은 언제까지 그 변화를 지켜볼 수 있을지 예측할 수는 없어. 하지만 우리가 세상을 어떻게 바라보는지에 따라 미래가 달라질 것은 분명해.

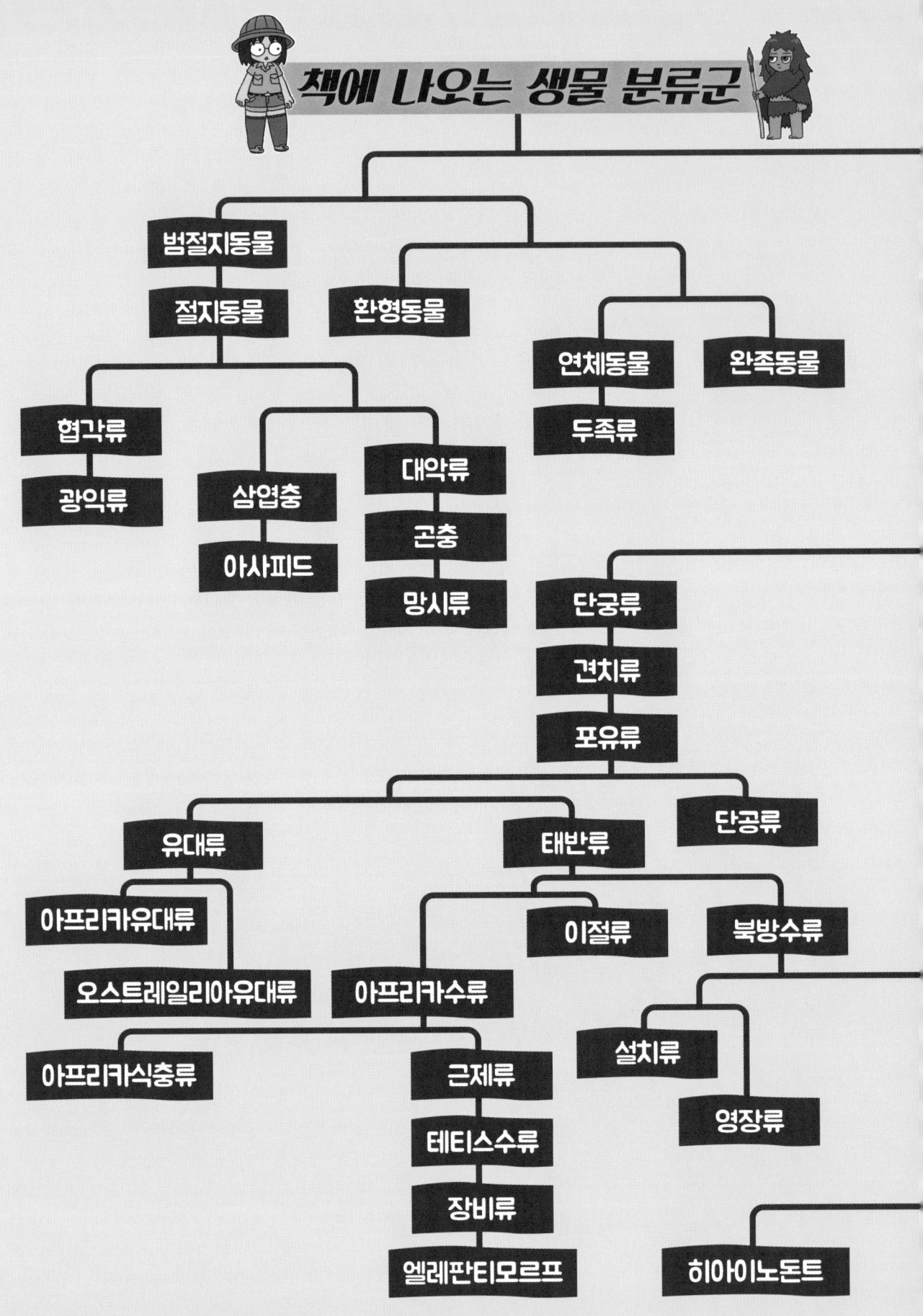

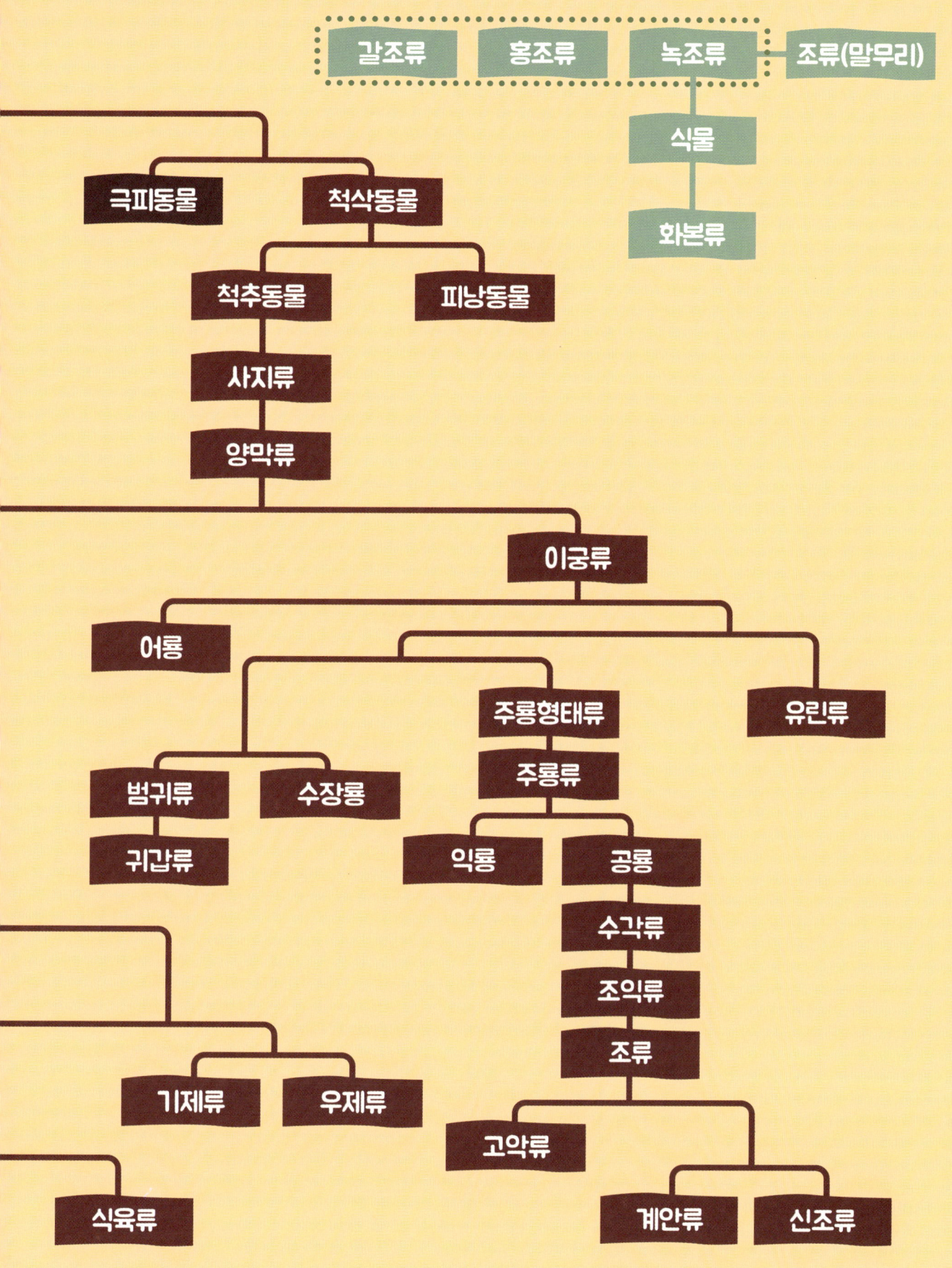

찾아보기

◆ ㄱ ◆
견치류 … 55~57, 66, 76, 144
계안류 … 92, 98, 102~103, 145
고악류 … 92~97, 145
곤충 … 11, 42~43, 45, 89, 106, 144
공룡 … 8, 48, 69, 64, 67, 68, 70~74, 79~85, 94, 145
광익류 … 11, 30, 42, 144
귀갑류 … 63, 101, 144
극피동물 … 15, 21~22, 145,
근제류 … 114, 142,
기제류 … 113, 120~121, 125, 145

◆ ㄷ ◆
단공류 … 77, 110~111, 144
단궁류 … 50, 52~54, 69, 121, 144
대악류 … 11, 14, 144,
두족류 … 20, 24, 44, 144

◆ ㅁ ◆
망시류 … 45, 144
모사사우루스 … 75, 145

◆ ㅂ ◆
범귀류 … 63, 145
범절지동물 … 14, 16, 22, 20, 37, 144
북방수류 … 110~112, 144

◆ ㅅ ◆
사지류 … 44, 50~51, 36, 145
삼엽충 … 8~19, 25~33, 40, 48, 144
설치류 … 112, 119, 144
수각류 … 82, 87, 145
수장룡 … 8, 60, 73~74, 145
식물 … 8, 21, 23, 29, 38~39, 48, 90, 122, 139, 145
식육류 … 113, 145
신조류 … 93, 102, 104~106, 145

◆ ㅇ ◆
아사피드 … 26, 144
아프리카수류 … 110~111, 114, 144
아프리카식충류 … 114, 144
양막류 … 50~51, 78, 145
어룡 … 59~60, 73, 145
엘레판티모르프 … 122~126, 144
연체동물 … 15, 20, 118, 144
영장류 … 31, 112, 118~119, 134, 144
오스트레일리아유대류 … 110~111, 144
완족동물 … 14, 20, 144
유대류 … 77, 110~111, 144
유린류 … 61, 75, 78, 145
이궁류 … 50, 52, 58, 60, 62, 70, 74, 145
이절류 … 110~111, 144
익룡 … 8, 64, 67, 70~71, 145

ㅈ

절지동물 … 11, 13~14, 33, 42, 44, 118, 144
조류(말무리) … 22~23, 29, 39, 145
조류 … 52, 60, 66~67, 79~95, 100~105, 145
조익류 … 84~86, 88, 92, 145
주룡류 … 64~69, 72~74, 85, 144
주룡형태류 … 64, 145

ㅊ

척삭동물 … 15, 21, 145
척추동물 … 15, 21, 31, 38, 44, 50, 67, 145

ㅌ

태반류 … 77, 110~111, 144
테티스수류 … 114~115, 144

ㅎ

협각류 … 11, 15, 30, 144
화본류 … 121, 122~123, 137, 139, 145
환형동물 … 14, 20, 144
히아이노돈트 … 118, 124, 144

GO! 생물 탐험
진짜로 지구에 살았던 고생물
초판 인쇄 2023년 4월 24일 **초판 발행** 2023년 4월 24일
지은이 명관도 **감수** 백두성
펴낸이 남영하 **편집** 김가원 김주연 전예슬 **디자인** 박규리 **마케팅** 김영호 변수현
펴낸곳 ㈜씨드북 **등록 번호** 제2012-000402호 **주소** 03149 서울시 종로구 인사동7길 33 남도빌딩 3F **전화** 02) 739-1666 **팩스** 0303) 0947-4884
홈페이지 www.seedbook.co.kr **전자우편** seedbook009@naver.com **인스타그램** instagram.com/seedbook_publisher
ISBN 979-11-6051-496-4
ⓒ 명관도, 2023

이 책은 저작권법에 따라 보호받는 저작물이므로 무단 전재와 무단 복제를 금지하며,
이 책 내용의 전부 또는 일부를 이용하려면 반드시 저작권자와 ㈜씨드북의 서면 동의를 받아야 합니다.

제조국명: 대한민국 | **사용연령:** 6세 이상
KC마크는 이 제품이 공통안전기준에 적합하였음을 의미합니다.
종이에 베이지 않게 주의하세요.

• 책값은 뒤표지에 있어요. • 잘못 만들어진 책은 구입하신 서점에서 바꾸어 드려요. • 씨드북은 독자들을 생각하며 책을 만들어요.